AF367850

SOUVENIRS

D'UN JEUNE MARIN.

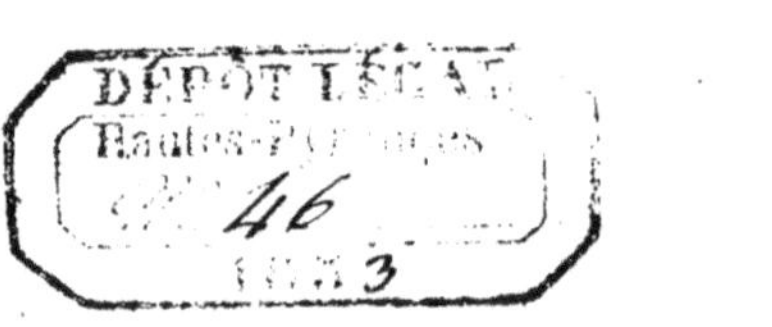

BAGNÈRES-DE-BIGORRE, TYPOGRAPHIE DE J.-M. DOSSUN,
PLACE NAPOLÉON.

SOUVENIRS

D'UN

JEUNE MARIN

OU

L'ENLÈVEMENT D'UNE FEMME PAR UN PIRATE,

PAR

LÉON OZUN,

Ex-marin à bord de *l'Eugénie*.

Le trident de Neptune est le sceptre du monde.
LEMIERRE.

BAGNÈRES-DE-BIGORRE,

TYPOGRAPHIE DE J.-M. DOSSUN, PLACE NAPOLÉON.

Octobre 1853.

PRÉFACE.

—

J'avais à peine atteint ma seizième année lorsque je pris du service à bord d'un navire de Bordeaux, qui était sur le point de cingler vers la capitale de la Russie. Mon nom fut apposé sur les rôles de *l'Eugénie*, et je montai à bord de ce joli bâtiment en qualité de pilotin. En débutant dans la carrière maritime, dans cette noble carrière qui m'avait souri depuis bien des années, je conçus le projet attrayant d'écrire fidèlement les impressions de ce premier voyage, et je m'empressai de dresser ce que les marins appellent *un journal de bord*. Chaque jour j'insérai dans ce journal les principaux faits qui se présentèrent dans les différentes courses que nous fîmes dans ces mers si capricieuses qui baignent les côtes des puissances du Nord. Je m'attachai également à tracer le tableau des curiosités sans nombre qui s'offrirent à ma vue dans les villes remarquables que j'eus l'avantage de visiter. Ces quelques pages que j'écrivis à bord, dans des moments de loisir, étaient perdues depuis plusieurs mois dans l'oubli, quand certains de mes amis sont venus m'engager à les livrer à la publicité. Comme je comptais faiblement sur le succès de cet ouvrage qui, d'ailleurs, ne pouvait guère intéresser que des marins, j'ai résisté d'abord à ces sollicitations amicales. Pressé de nouveau et assez vivement, j'ai cédé à des prières bienveillantes, et je me suis enfin décidé à soumettre au public ce modeste travail exécuté dans un âge bien peu avancé. J'ai supprimé entièrement la première partie qui avait été consacrée spécialement aux manœuvres du bâtiment et à l'étude de la science nautique. Je l'ai supprimée, parce que, selon moi, elle n'était pas de nature à piquer la curiosité des personnes qui sont tout à fait étrangères à l'art de la navigation; je me suis contenté de choisir les faits les plus saillants, les incidents les plus variés, et j'en ai formé une simple narration. Je me suis vu forcé aussi de renoncer à faire usage, dans le cours de cette narration, du langage métaphorique des marins, de ce langage empreint d'un charme indicible. Mon livre naissant dans un pays éloigné de la mer et n'étant pas appelé à être lu bien loin de ces lieux, j'ai voulu donner de l'aisance au lecteur. Je ferai observer encore que je n'ai pas voulu livrer, dans toute leur étendue, les notes que j'ai recueillies sur les capitales des Etats du Nord, parce que, peut-être, je n'aurais fait que répéter ce qui a été dit et dépeint tant de fois par des écrivains distingués. Ce *journal de bord* se recommande à l'attention du lecteur par le caractère de vérité dont il est revêtu. J'ai raconté des faits purement et simplement, et je garantis l'exactitude de tout ce qui est contenu dans ce travail d'un marin de seize ans. Certaines gens pourraient croire que l'intrigue amoureuse qui figure dans le corps de cette relation n'est rien autre chose qu'un produit de mon imagination, destiné à donner plus de relief à mes mémoires de voyage; mais je les mettrai en garde contre cette grave erreur, en les priant de croire à la sincérité de mes paroles.

Léon OZUN.

Hèches (Hautes-Pyrénées), le 20 août 1853.

SOUVENIRS
D'UN JEUNE MARIN.

CHAPITRE Ier.

Le Couvent.

Par une belle soirée du mois de septembre 1845, il se passait une scène bien triste dans un couvent qui est situé sur la rive gauche de l'un des plus grands fleuves de France. Dans une vaste salle qui était éclairée faiblement par la lueur incertaine d'une lampe de fer, une jeune fille de seize ans se débattait dans de cruelles angoisses. De cette beauté qui naguère était l'orgueil de cette personne, il ne restait plus maintenant qu'une pâleur livide et des traits décomposés. Ses longs cheveux noirs étaient en désordre, et parfois elle s'en emparait de ses mains crispées, et les portait à sa bouche pour les broyer de ses dents. Ses yeux égarés roulaient constamment dans leurs orbites, et laissaient échapper de grosses larmes qui venaient

rouler sur un visage abattu par la souffrance et
le désespoir.

« Mourir si jeune, disait-elle dans son délire :
» ô ma bonne mère! ô mon Dieu! je suis bien
» malheureuse! Etre forcée de quitter la vie à
» cet âge, à cette heure....., sans avoir la douce
» consolation de presser contre mon cœur cette
» tendre mère qui m'aimait tant! oh! je maudis
» le sort..... »

A ces plaintes langoureuses, à cette exaltation
fébrile, la supérieure du couvent répondit en
récitant à haute voix les versets suivants tirés
des saintes écritures : « Je m'épuise en gémis-
» sements; chaque nuit mon lit est baigné de
» mes pleurs, et j'inonde ma couche de mes
» larmes. Ne m'abandonnez pas, Seigneur, ne
» vous éloignez pas de moi, ô mon Dieu : hâtez-
» vous de me secourir, ô vous, mon invincible
» appui. »

Ces derniers mots venaient de se perdre dans
le silence de la nuit, lorsque la belle Judith
essaya de se lever sur son lit de douleur. Elle
regarda ses compagnes en souriant, et elle se
disposait à parler, quand elle retomba en pous-
sant un profond soupir.

L'union mystérieuse de l'âme et du corps
venait d'être rompue.

« Prions pour elle! » s'écria la supérieure

en s'adressant aux personnes affligées qui pleuraient aux pieds de ce lit de mort.

En ce moment, de violents sanglots éclatèrent, et on n'entendit plus dans la salle que des cris déchirants.

C'en était fait, la pauvre Judith avait cessé de vivre; elle était morte à la fleur de son âge, et avait à peine connu de ce monde les vives douleurs qui en marquent le cours.

Dans un appartement voisin de celui où venait d'expirer cette magnifique créature, Rachel de L.... était en proie à une grande souffrance. Elle versait des larmes abondantes dans les bras de ses maîtresses, et faisait retentir la chambre de ses plaintes amères. Après avoir donné un libre cours au chagrin qui l'accablait depuis long-temps, elle demanda à être seule. Ses amies s'éloignèrent à pas lents, en jetant un regard plein de bonté sur la figure de Rachel de L....

Peu de temps après, un beau jeune homme de vingt-six ans s'élança dans la chambre de Rachel, et vint tomber aux genoux de cette femme.

A la vue d'Arthur, un faible cri d'étonnement expira sur les lèvres de la timide pensionnaire.

— Ah! c'est toi, Arthur, mon bon ami; comment as-tu pu t'introduire dans ces lieux?

— Cher ange! quand j'ai entendu ta voix plaintive, tes gémissements, je me suis armé de courage, j'ai cru que tes jours étaient en danger, et alors j'ai eu de l'audace, j'ai bravé les périls, et, après avoir fait des efforts puissants, j'ai eu le bonheur d'arriver jusqu'à toi.

Et le jeune homme encore troublé baisait avec effusion les blanches mains de Rachel.

— Mais, reprit Arthur, quel est donc le sujet de ta douleur; pourquoi ces larmes, pourquoi ces plaintes?

Parle, parle, je t'en conjure.

Rachel se prit à pleurer fortement. Après une légère pause, elle s'écria :

— Judith est morte, morte pour toujours!

— Console-toi, belle enfant, tu trouveras le bonheur sous un ciel plus beau, sur une terre étrangère, dans une vie plus agréable; ne pleure pas, Rachel.

— Ange de bonté! chère amie, je t'ai donc perdue pour ne plus te revoir, ô terrible destinée!

— Judith est heureuse, oui très heureuse; elle est dans le royaume des justes, aux pieds de l'Eternel.

— Je ne veux plus rester ici où désormais tout viendrait me rappeler la perte immense que je viens de faire; fuyons, Arthur, fuyons, fuyons!

Et Rachel tomba dans les bras de son amant.

— O bonheur extrême! tu veux donc fuir en ce jour, tu réponds définitivement à cet amour violent dont j'ai toujours brûlé pour toi ; je suis le plus heureux des mortels, je suis fou de joie. Rachel, cache ces larmes amères!

— Fuyons! fuyons!

La jeune fille laissa retomber sa jolie tête sur l'épaule d'Arthur qui la tenait dans ses bras.

A ces mots prononcés avec force, l'amant ne put s'empêcher de pleurer ; il était ivre de bonheur.

Au lever de l'aurore, une légère embarcation passait rapidement le long des murs antiques du couvent, et emportait loin de ces lieux la charmante Rachel ; et à midi, le superbe trois-mâts, qui était commandé par le capitaine Arthur, quittait le port de mouillage et cinglait vers les côtes du Mexique.

Ce navire s'appelait *l'Emma-Julie.*

Il était presque nuit : il régnait dans le couvent un silence absolu ; et aux sombres fenêtres de ces murs noircis par le temps apparaissaient des femmes voilées qui lisaient les prières des morts. Ce silence religieux, dans lequel était plongée cette maison d'éducation, fut interrompu bientôt par le bruit d'une voiture qui roulait avec vitesse sur la route rocailleuse. Une

chaise de poste, traînée par de vigoureux chevaux, s'arrêta devant le couvent. Les parents
de Rachel et de Judith venaient d'arriver.

Après bien des précautions oratoires, la supérieure apprit à la mère de Judith la mort de
son enfant.

A cette nouvelle terrible, la malheureuse mère
tomba évanouie sur les froides pierres du parloir : quand on la releva, elle était sur le point
de rendre le dernier soupir. Le père de Rachel,
accablé déjà par un désespoir bien prononcé,
demanda sa jeune et jolie fille. La vieille portière
du couvent appela d'une voix aigre Mlle Rachel
de L....; les élèves répétèrent les paroles de la
mère Suzanne, et personne ne répondit à leurs
appels.

Aussitôt on visite les chambres à coucher, le
réfectoire, la chapelle et les endroits les plus
cachés de l'établissement : toutes les recherches
sont infructueuses. On ne découvre rien : tout le
monde ignore où se trouve Mlle Rachel de L....
La supérieure tremble; elle ne sait que penser,
que dire, comment faire pour s'excuser; elle
est dans un grand embarras, dans une bien
fausse position. Après avoir mûrement réfléchi
pendant quelques minutes, elle revint auprès de
M. le vicomte de L...., et expliqua ainsi l'absence de Rachel :

« Aujourd'hui, monsieur le vicomte, vous
» serez privé du doux plaisir d'embrasser votre
» intéressante Rachel. Pour la récompenser de
» son travail assidu et de sa conduite exem-
» plaire, nous lui avons permis d'aller passer
» deux jours à la maison de campagne de ma
» sœur. »

Le vicomte accueillit ces paroles avec un léger
sourire et sortit du parloir. Le jour touchait à
sa fin, lorsque l'on déposa dans la chaise de
poste les corps inanimés de Judith et de sa
mère. Le lendemain, les deux cercueils furent
placés dans la même fosse, et sur la pierre
tumulaire qu'on étendit à la surface du sol, on
grava l'inscription suivante :

ICI REPOSENT

LES CORPS DE MADAME LA BARONNE DE R...

ET DE SA FILLE,

DÉCÉDÉES AU COUVENT DE.....

Peu de jours après ce fâcheux événement,
le vicomte de L.... reçut la lettre suivante :

« MONSIEUR LE VICOMTE,

» Le chagrin qui me dévore est si violent que
» je n'ai pas la force de tenir la plume pour
» vous écrire. Je viens vous apprendre une nou-
» velle bien mauvaise et qui est de nature à

» vous jeter, pour peu de jours peut-être, dans
» une grande douleur. Mlle Rachel n'est plus
» au couvent ! elle a disparu depuis peu de
» temps ; nous nous sommes livrées à des re-
» cherches très actives pour découvrir sa re-
» traite ; malheureusement toutes nos démarches
» n'ont amené aucun résultat heureux. Tout le
» monde se perd en conjectures sur l'évasion
» de cette enfant, qui nous a plongées dans une
» vive affliction.

» En attendant qu'elle soit rendue à votre
» amour de père et à celui de sa tendre mère,
» je vous prie, monsieur le vicomte, d'agréer
» l'assurance du dévouement sans bornes de
» la supérieure du couvent de.....

                    » JULIE DE C... »

Après avoir lu cette lettre, le vicomte désolé
envoya des émissaires dans toutes les directions. Mais les investigations les plus adroites
et les plus hardies furent inutiles. La police
elle-même fut en défaut dans cette circonstance.

Le 1er janvier 1846, le vicomte de L... et
son épouse, qui était d'origine anglaise, s'embar-
quaient au Hâvre-de-Grâce, à bord d'un brillant
paquebot. Le lendemain, ils se trouvaient dans
un riche château que l'on voit aujourd'hui sur
les bords de la riante Tamise.

CHAPITRE II.

Le Port. — Les deux Matelots.

Le 3 mai 1850, il régnait dans le port de Bordeaux un mouvement extraordinaire, et ce mouvement remarquable était de nature à charmer puissamment les personnes qui se trouvaient en ces lieux pour la première fois. De brillants équipages circulaient en grand nombre sur le quai des Chartrons, où se faisait entendre un grand bruit qui était produit par le chargement et le déchargement des navires, bruit étrange auquel venaient se mêler les chants des matelots. On ne voyait de tout côté que de riches négociants, des capitaines de toutes les nations, et de vigoureux marins aux formes herculéennes. De lourdes charrettes, traînées par de forts chevaux, transportaient dans les grands magasins de la ville des productions de toutes les parties du monde. A chaque instant, des bâteaux à vapeur venaient débarquer, sur le beau quartier des Chartrons, de jolies femmes au sourire gracieux, des hommes de tout âge, de toute condition. Et à côté de ces fraîches toilettes, de ces paisibles banquiers, de ces touristes fashionables, se pressaient vivement des porte-faix robustes qui venaient charger sur leurs larges épaules les effets des voyageurs. Des milliers de gamins criaient à haute voix, les uns leurs gâteaux, les autres leurs cocos ou leurs oranges, ceux-ci leur eau sucrée, et ceux-là leur bière de Strasbourg, etc., etc. Enfin, on n'entendait dans toute l'étendue du port qu'un bruit immense. Un soleil ardent éclairait ce beau jour, et des bâteaux élégants allaient déposer sur les rives de la Gironde des femmes bien gentilles qui, pour se distraire, allaient courir les champs et les prairies émaillées de fleurs. Une fraîche brise agitait mollement les cordages des navires et venait se jouer paresseusement dans les plis flottants des blanches voiles. On voyait étendus, sur les ponts des bâtiments, des matelots au teint bruni par le soleil des tropiques, de vieux loups de mer qui fumaient tranquillement leurs larges pipes. Si on examinait les mâts, on voyait à de grandes hauteurs des mousses bien jeunes qui étaient occupés à goudronner les cordages. Et ces pauvres enfants

fredonnaient dans leurs rudes travaux des chansons de marine. A toute heure, il entrait des
navires dans le port, des navires français ou
étrangers. C'est quelque chose de curieux à voir
que l'entrée d'un bâtiment dans un port : tout
le monde s'agite à bord ; on travaille avec une
activité étonnante ; on crie, on jure, on chante,
on ne pense plus qu'aux plaisirs. Vous voyez les
marins grimper dans la mâture comme des
singes, courir sur les vergues avec une grande
facilité, marcher sur les étais comme des écu-
reuils, et peser sur les cordages avec une force
incroyable. C'est alors qu'il faut voir ces hommes maniant les chaînes et les ancres du navire.
Ils ont oublié déjà les pénibles fatigues qu'ils
ont endurées pendant la traversée ; ils ne pen-
sent plus aux tempêtes furieuses qu'ils ont
essuyées, aux graves maladies dont ils ont été
atteints ; ils attendent avec une vive impatience,
avec une joie indicible l'heureux moment où ils
iront toucher leur solde. Ils roulent dans leurs
têtes des milliers de projets, et bientôt vous les
verrez jetant l'argent à tribord et babord, met-
tant en panne dans de beaux cafés, louvoyant
dans les rues, et noyant leurs chagrins dans les
flots abondants d'une forte liqueur ou d'un vin
capiteux. Ces hommes ne sont plus que les
enfants de la joie. Quand ils auront mené une

joyeuse vie, pendant quelques jours, ils s'en-
nuieront à terre, il leur tardera de revoir la
mer. Tel est le caractère de ces gens qui sont
faits à toutes les fatigues et qui se rient gaîment
des misères humaines.

Or, le 3 mai 1850, deux matelots en costume
de bord causaient à l'ombre d'une tente qui
avait été dressée sur le quai des Chartrons,
devant un modeste débit de boissons. Ils étaient
assis autour d'une table au centre de laquelle
reposait un grand vase contenant de la bière.
Ces deux marins avaient un âge un peu avancé ;
les coudes appuyés sur la table, ils caressaient
de leurs mains calleuses leurs barbes qui étaient
magnifiques. Leurs chapeaux étaient fièrement
inclinés sur l'arrière, et laissaient voir de larges
fronts labourés de quelques rides.

— J'espère, dit le plus âgé, que la campagne
que nous allons faire ne sera pas aussi mauvaise
que la dernière ; car, autrement, il y en aurait
pour couler à fond tous les navires de commerce.

— Je crois, dit l'autre, que nous sommes à
bord d'un fin voilier ; ensuite, il est commandé
par un fameux capitaine. Ce navire se com-
portera bien à la mer ; il saura ranger à l'honneur les vagues irritées.

— Le capitaine de l'*Emma-Julie* était aussi

un rude marin, et cependant nous avons été bien
tracassés.

— Dans quel pays, frère?

— Dans le golfe du Mexique; j'ai toujours
cru que *l'Emma-Julie* était un navire à sort;
je le crois d'autant plus qu'aujourd'hui je ne
reprendrais pas du service, pour rien au monde,
à bord de ce vilain sabot.

— Comment s'appelait ton capitaine?

— Arthur.

— Connaissait-il bien son métier?

— Oh! pour le métier, il le connaissait parfaitement, et il était très courageux. Un jour,
nous courions sous les huniers par une brise
diablement carabinée ; les moutons sautaient
dans la plaine (*), et les lames déferlaient par
le travers avec un grand fracas. Le timonnier
donna un faux coup de barre ; une vague énorme
passa sur la dunette et emporta avec elle la
femme du capitaine. Aussitôt le capitaine Arthur
s'élança à la mer, en nous commandant de mettre
en panne. Le navire s'arrêta, et le capitaine
revint à bord, tenant dans ses bras sa femme
évanouie.

Quand je te disais que *l'Emma-Julie* était un

(*) Expression pour dire que les vagues sont couronnées
d'écume.

navire à sort, je ne t'en ai point donné les raisons; et voici ce qui me porte à croire que le capitaine Arthur ne fera jamais rien de bon avec ce navire.

— Pourquoi cela? répondit l'autre marin qui venait de vider le pot de bière.

— La femme de ce capitaine était bien jeune; on ne lui aurait pas donné plus de quinze ans, et elle était tout aussi jolie que la plus belle des créoles. Elle avait des bossoirs magnifiques; son gréement était toujours bien peigné, ses écubiers étaient délicieux; puis sa démarche était encore aussi gracieuse que la démarché de la plus fine goëlette; elle portait bien la mâture, et les rubans qui étaient amarrés à ses filins ressemblaient aux longues flammes d'une frégate. Ses dents étaient comme les dents des négresses, et dans le mauvais temps, elle se tenait sur le banc de quart avec autant de grâce qu'une goëlette dans une rade. Eh bien, frère, j'ai toujours cru que le capitaine l'avait volée; le maître était de mon avis. Il n'est pas possible que ses parents l'aient livrée à un vieux loup pour la faire aller à la pêche de la morue ou de la baleine, ou pour lui faire courir les mers. Il y a du louche là-dedans.

— Tu pourrais avoir raison. Depuis quelle époque as-tu quitté ce navire à sort?

— Depuis six mois.

— Et cette femme, comment passait-elle son temps à bord?

— Elle faisait de la musique; elle écrivait, elle dessinait, et donnait des soins à des oiseaux des colonies.

— Etait-elle bonne pour les gens de l'équipage?

— Très bonne, et elle pleurait même quand le mousse était caressé par la garcette.

— Ce mousse était-il grand?

— Il pouvait avoir onze ans.

— C'était un mauvais drôle?

— Une franche canaille.

— Ah! le polisson d'enfant.

Quatre heures sonnaient alors à bord des galiotes hollandaises qui étaient amarrées au quai. Les deux marins allumèrent leurs pipes et se rendirent à bord d'un bâtiment qui s'appelait *l'Eugénie*.

CHAPITRE III.

L'Eugénie. — Un Navire en partance.

L'Eugénie était un magnifique bâtiment qui sortait des chantiers des frères Raymond, de Bordeaux. Sa coupe était d'une finesse recherchée ; c'était une coupe hardie et élégante, et qui faisait honneur à l'habile ingénieur qui en avait tracé le plan. L'arrière de *l'Eugénie* présentait des formes tout à fait gracieuses ; les faux sabords avaient été peints avec beaucoup de goût, et la peinture qui avait servi à orner les flancs du navire était fraîche et jolie. Les bossoirs avaient été travaillés avec un grand soin, et au dessous du beaupré se dressait fièrement le buste d'une femme à la tête couronnée de fleurs, aux regards menaçants et aux puissantes mamelles. Le bras gauche de cette femme était armé d'une flèche, tandis que l'autre était tendu en avant ; on eût dit que cette femme commandait aux flots menaçants. Les mâts étaient légèrement inclinés sur l'arrière et appuyés de chaque bord par des bastingages d'une rare solidité. Les haubans étaient fortement ridés, bien goudronnés et fixés de chaque bord par de grosses poulies revêtues d'une peinture rouge. Enfin, les cordages étaient si bien disposés, et la mâture était si coquette et si élancée qu'on eût pris facilement ce navire pour un navire de guerre.

Le tableau divertissant que présente un navire en partance est assez curieux pour que nous mettions sous les yeux du lecteur une de ces scènes comiques qui se répètent tous les jours dans les ports de mer. En général, les passagers jouent un rôle assez ridicule dans ces scènes qui excitent l'hilarité des matelots. Nous allons essayer de décrire ce qui se passa à bord de *l'Eugénie*, lorsque ce navire était sur le point de mettre à la voile, le 4 mai. On n'attendait plus pour appareiller que trois passagers qui égayèrent beaucoup l'équipage de *l'Eugénie*. Le capitaine commençait à s'impatienter, lorsqu'un grand canot accosta le navire. Les malles des passagers furent hissées à bord, et on pria M. Gardet de monter au plus tôt avec sa femme et sa fille. M. Gardet était un homme d'une rotondité extraordinaire. A lui seul, il aurait occupé facilement deux places dans une diligence ordinaire. Le coupé n'aurait pas été assez large pour lui et pour sa chère moitié qui était aussi grosse que lui. Elle portait des lunettes, et sa figure accusait au moins une quarantaine d'années. Quant à Mlle Gardet, elle ne ressemblait, sous aucun rapport, à ses bons parents.

— Allons! allons! montez vite à bord, s'écria le capitaine en montrant sa tête au dessus de la lisse.

— Nous y sommes, capitaine, répondit M. Gardet en humant une prise de tabac.

Et le bonhomme s'accrocha à l'échelle et arriva sur le pont après avoir fait de pénibles efforts. Quand vint le tour de Mme Gardet, cette pauvre femme trébucha contre l'un des bords de l'embarcation, et tomba à l'eau au moment où elle allait saisir l'échelle. Le canotier la retint par la robe et la ramena assez difficilement dans le canot.

— Où suis-je? dit-elle avec rage. Ah! c'est bien vous qui en êtes la cause, vilain monsieur Gardet; si vous m'aviez fait monter la première, cela ne serait pas arrivé, mauvais sujet, etc., etc.

— Calme-toi, bobonne, répondit le mari qui était presque effrayé; je t'en prie, chère amie, console-toi; ce n'est rien.

— Il a encore l'audace de dire que ce n'est
rien! l'insolent, il se rit de mon malheur; j'ai
là un joli mari propre à être empaillé après sa
mort.

— En route! cria le capitaine.

— En route! répétèrent les matelots!

— Capitaine, capitaine, attendez donc un
instant; Mme Gardet n'est pas encore montée.

M. Gardet venait de parlèr lorsque M. Landry
descendit dans l'embarcation, et s'emparant de
mademoiselle, il la déposa sur le pont, en disant
à la mère que si elle ne montait pas sur le
champ, il allait appareiller.

— Dans quel pays suis-je tombée? Et ce
monstre de mari, qui me disait qu'il était plus
commode de voyager sur un vaisseau que dans
une diligence, oh! le mauvais sujet.

— Ne te fâche donc pas, bobonne, et monte
au plus tôt; n'aie pas peur.

— Non, non, je ne monterai pas avec cette
échelle, faites descendre le bâtiment à fleur
d'eau.

Malgré les aimables menaces du capitaine et
les prières réitérées de M. Gardet, il fut impossible de décider madame à poser les pieds sur
les échelons de corde. On fit passer l'embarcation sur l'arrière du navire; après avoir affalé
les palans des chandeliers, on hissa le canot à

bord, et par ce moyen madame put arriver facilement sur la dunette. Elle passa immédiatement dans la cabine et alla changer d'habits. M. Gardet et sa fille étaient assis sur la cage à poules et suivaient avec attention la manœuvre qui s'exécutait à bord. Bientôt l'ancre fut amarrée au taquet du gaillard d'avant, les voiles furent larguées en un clin d'œil, et *l'Eugénie* s'éloigna rapidement de Bordeaux.

La cargaison que nous avions à bord consistait en eaux-de-vie, vins Laffitte, noix et bois de campêche. Le tout devait être transporté à Saint-Pétersbourg.

Lorsque nous fûmes arrivés devant Pauillac, le capitaine dit à son second, en présence de Mme Gardet :

— Nous allons mouiller.

— Vous plaisantez, capitaine, répondit Mme Gardet ; vous dites que nous allons nous mouiller : cependant on ne voit aucun nuage, le ciel est bien beau.

M. Landry se mit à rire en disant que nous allions jeter l'ancre.

A ces mots, la bonne femme fit un mouvement de surprise.

En ce moment, le mousse et un matelot se disputaient vivement. Le mousse jurait tandis que le matelot lui disait :

— Vieux marsouin, je veux t'en f..... du tabac (*).

— Il paraît bien méchant, capitaine, ce matelot qui est en colère ; il dit au mousse qu'il ne veut pas lui donner du tabac : est-ce que cet enfant fume ?

— Il chique, répondit le capitaine.

— Il chique, grands dieux !

— Est-ce que votre mari ne fume pas, demanda le capitaine ?

— Je lui casserais les reins, s'il fumait.

— Tu es bien méchante, bobonne, répondit M. Gardet ; cependant, il faut fumer en mer.

— Non, non, tu ne fumeras pas.

Madame se disposait à descendre dans la cabine du capitaine, lorsque le chien de bord, sur l'ordre du mousse, mordit la robe de cette femme et la déchira dans plusieurs endroits. Le mari courut porter du secours à sa femme pendant que nous jetions l'ancre dans les eaux de Pauillac.

Le 5 mai, à huit heures du soir, nous étions en vue de la tour de Cordouan : la mer n'était pas loin !

Le lendemain, nous sortîmes de la Gironde, et nous entrâmes en mer à onze heures du ma-

____

(*) Ce qui signifie : Je veux te battre.

lin. Les flots étaient légèrement agités ; quelques bâtiments se montraient à l'embouchure du fleuve, et attendaient le moment favorable pour remonter le cours de la Gironde. A trois heures du soir, nous perdîmes la terre de vue. Nous pouvions avoir parcouru une distance de vingt milles quand la brise commença à fraîchir. L'horizon était chargé au loin de nuages bien noirs. Dans la nuit, les vents sautèrent du nord au nord-est, et nous fûmes forcés de faire route dans une fausse direction ; nous gagnâmes le large. Les roulements prolongés du tonnerre ne tardèrent pas à éclater. Ce fut alors que le capitaine fit entendre ces mots prononcés d'une voix fortement accentuée :

— En haut, les enfants ! serrez les perroquets.

— Tiens, tiens, dit Mme Gardet à son mari, il y a ici des enfants qui élèvent des perroquets. Où doivent-ils être ces oiseaux ?

Quelques minutes après, les perroquets étaient serrés, et le navire continuait de voguer avec rapidité. A une heure du matin, nous fûmes enveloppés dans une brume si épaisse qu'il nous était impossible de voir un objet quelconque à deux pas devant nous. Les vents augmentaient de force à tout moment, et la mer devenait de plus en plus furieuse. La voix du capitaine se perdait dans ce bruit confus qui provenait du choc des vagues, de la violence des vents et des juremerits des matelots.

Dans l'entrepont, il se passait une scène bien risible : Mme Gardet commençait à éprouver les symptômes du mal de mer. Assise auprès d'un seau rempli d'eau, elle avait les coudes appuyés sur ses genoux, et elle cachait sa tête dans ses mains. Le mousse venait de lui apporter un bol de thé lorsque M. Gardet prit le bol et voulut le présenter lui-même à madame. Au moment où le bon mari offrait le thé à Mme Gardet, un rude coup de roulis le fit tomber sur sa femme : tous les deux roulèrent sur le pont comme deux pelotes ; le thé fut versé, le bol cassé, et la cabine se trouva inondée par l'eau qui était dans le seau.

Mme Gardet cria, jura, vomit et accabla son mari sous le poids des épithètes les plus méchantes. Elle se releva avec beaucoup de peine, et elle monta sur la dunette. A la vue de cette mer qui était vivement soulevée par les vents, elle tomba à genoux et força son mari à prier avec elle. Tous les deux venaient de terminer une courte prière lorsque le capitaine s'écria :

— Courage, les enfants, lestes à la manœuvre! allez prendre deux ris aux huniers.

— Que dit le capitaine, observa Mme Gardet à son mari?

— Il dit qu'on va prendre du riz.

— Tant mieux, ça chasse peut-être le mal de mer.

— C'est probable.

A peine M. Gardet venait-il de parler qu'une grosse lame envahissait la dunette et emportait le chapeau du passager qui rentra immédiatement dans l'entrepont, suivi de sa fidèle compagne.

Pendant sept jours, nous fûmes engagés dans un temps affreux. Le huitième jour, les vents mollirent et la mer se calma légèrement. Quand la brume fut entièrement dissipée, nous étions en vue de la chaussée de Sein. C'est là que nous attendaient de nouveaux dangers.

CHAPITRE IV.

Nous étions à une courte distance de la
chaussée de Sein, lorsque nous fûmes surpris
par le calme plat. La mer était unie comme une
glace, et la terre nous apparaissait toute voilée
par des nuages aux brillantes couleurs. Quoique
nous n'eussions pas à redouter la fraîcheur de la
brise, nous courions assez de dangers, car nous
apercevions par tribord des rochers qui montraient leurs têtes aiguës à la surface des eaux.
Nous savions aussi que non loin de nous il exis-
tait des courants qui pouvaient entraîner le navire vers la côte et nous faire sombrer très facilement. En présence du péril imminent dans
lequel se trouvait *l'Eugénie,* nous mîmes la chaloupe à la mer. Nous amarrâmes un grelin au
beaupré, et la chaloupe montée par tout l'équi-

page traîna le navire à la remorque pendant quatre heures. Alors, il s'éleva une légère brise de l'ouest-sud-ouest qui nous permit d'avancer.

Le 15 mai nous faisions notre entrée dans la Manche. Nous avions filé une vingtaine de nœuds dans cette nouvelle mer, lorsque nous vîmes venir de notre bord une grande chaloupe portant pavillon anglais. Cette chaloupe à la proue effilée n'était plus qu'à quelques brasses du navire, lorsque nous remarquâmes sous le vent à nous une embarcation qui s'était détachée de ce frêle bâtiment. Les marins qui la montaient mirent à la voile, et en quelques minutes ils se trouvèrent le long du bord. Lorsque le canot fut amarré au navire, le plus vieux de ces marins sauta sur le pont avec l'agilité d'un chat et salua le capitaine par ces mots :

— *Good day, captain.* (Bonjour, capitaine.)

— *Good day,* répondit M. Landry.

L'anglais monta sur la dunette, s'avança hardiment vers le capitaine, et tous les deux se serrèrent la main comme deux vieilles connaissances.

— *Do you comes from?* (D'où venez-vous ? demanda le pilote.)

— *From Bordeaux.*

L'enfant de la Grande-Bretagne laissa échapper un léger sourire et dit à M. Landry :

— *Wine of Bordeaux is very good.*

— *Very good,* répliqua sèchement le capitaine.

— *Where you goes?*

— *In Petersbourg.*

— *Very well, very well.*

L'anglais introduisit alors dans sa bouche une large poignée de tabac, et appuyant ses poings goudronnés sur le bras de la pompe, il battait le pont de ses grands pieds. Parfois, il portait ses regards éveillés du côté de la cabine ; mais le capitaine observait toujours un silence profond. Fatigué de ce silence, l'*englishman* le rompit le premier, et demanda avec un flegme tout britannique ce qu'il désirait depuis longtemps :

— *Captain, will you give me, if you please one boatle of brandy, you shall be a good boy,* ce qui signifie : Capitaine, voulez-vous me donner, s'il vous plaît, une bouteille d'eau-de-vie, vous serez un bon garçon.

Le capitaine répondit par ces mots :

— *But I belove that English sailors non were liking brandy.* (Mais je croyais que les Anglais n'aimaient pas l'eau-de-vie.)

— *You jokest, captain.* (Vous plaisantez, capitaine.)

Telle fut la réponse du pilote. Aussitôt le

capitaine siffla le mousse et lui ordonna d'aller chercher à la cambuse deux bouteilles de cette liqueur qui cause si bien l'abrutissement des Anglais. Le mousse ne tarda pas à revenir apportant deux bouteilles d'eau-de-vie et un verre qu'il présenta au marin. Celui-ci tendit le verre que le mousse remplit entièrement. Le pilote l'approcha de ses lèvres et le vida d'un seul trait en disant au jeune mousse :

— *My boy, Your brandy is very good.*

— Sainte mère de Dieu ! s'écria Mme Gardet, en joignant ses mains et en élevant ses regards vers le ciel.

Non content d'avoir bu un gros verre de cette liqueur, l'anglais n'hésita pas à lancer ces paroles qui produisirent leur effet.

— *Captain, Your brandy is so good that I will drink one other glass, if you will.* (Votre eau-de-vie est si bonne que je veux en boire un autre verre, si vous le permettez.)

— *Yes, yes,* répondit le capitaine ; et le verre fut empli de nouveau et aussi lestement vidé que la première fois.

— *I thank you, captain.* (Je vous remercie, capitaine), dit l'anglais en passant sa langue sur ses lèvres, et en frottant l'une contre l'autre ses larges mains sur lesquelles il avait laissé tomber quelques gouttes d'eau-de-vie. Il se disposait à quitter le bord, lorsqu'il nous demanda si nous n'avions pas vu un navire appelé *le Gentleman*. Nous lui répondîmes négativement; et le capitaine voulut savoir pourquoi il nous adressait cette question. Le pilote nous dit : un riche milord, qui est à peu près fou, m'a chargé de croiser dans ces parages et de bien observer tous les navires qui naviguent dans cette mer. Il est en proie à un chagrin rongeur, et il faut nécessairement que ce navire que j'attends soit la cause de la douleur de cet homme. Ce matin, j'ai reçu de nouvelles instructions, et on me recommande d'exercer la surveillance la plus active. Si j'ai le bonheur de découvrir ce navire en question, je suis sûr d'avoir pour récompense la somme de cinquante guinées.

Le marin tira une lettre de sa poche et la présenta au capitaine qui lut ce qui suit :

« Mon cher William,

» Continuez de veiller avec un grand soin.
» D'un moment à l'autre *The Gentleman* peut
» passer le long de votre bord. J'ai recueilli de
» nouveaux renseignements qui me portent à
» croire que ce navire ne tardera pas à entrer
» dans la Manche. Si vous avez l'avantage de
» découvrir cette maudite barque, empressez-

» vous de venir me trouver. Ainsi, *my dear*
» *William,* ouvrez l'œil et veillez au grain.

» LE VICOMTE DE L.... »

Le capitaine remit cette lettre au pilote et fit distribuer une ration d'eau-de-vie aux matelots qui étaient dans le canot ; cette opération terminée, le vieux marin serra étroitement la main au capitaine, et regagna l'embarcation en nous souhaitant un heureux voyage.

Les pilotes anglais, qui naviguent dans la Manche, sont en général des hommes qui ont servi long-temps à bord des vaisseaux de guerre. Quand ils ont atteint un âge avancé, ils s'embarquent sur une chaloupe et exercent le métier de pilote. Dans les tempêtes, on voit des milliers de ces fines chaloupes voguer en tout sens dans les eaux de la Manche. Ces pilotes se rendent à bord des navires qui sont tourmentés par le mauvais temps et offrent leur concours moyennant une somme toujours très élevée. Si les capitaines refusent leurs offres de service, ils auront beau se trouver plus tard dans une position critique, les pilotes qu'ils auront repoussés se garderont bien d'aller secourir le navire en détresse.

Le 20 mai, nous passions devant Boulogne. Cette jolie ville est placée sur le rivage de la

mer, dans un site riant. On dirait une jeune
fille, assise sur la grève, et se mirant dans les
flots azurés. Les bois qui environnent cette
ville lui prêtent un charme tout particulier.
Sur les coteaux qui s'étendent derrière Boulogne
sont éparpillées çà et là de blanches maisons
aux contrevents verts, maisons bien fraîches
autour desquelles apparaissent, dans toute leur
beauté, de superbes jardins plantés de fleurs
précieuses. La rade est toujours couverte de
bâteaux-pêcheurs, et une foule nombreuse se
presse constamment sur les quais pour assister
au départ des bâteaux.

Depuis quelques instants j'étais occupé à con-
templer le mouvement qui animait Boulogne,
lorsque je tournai mes regards scrutateurs du
côté nord de la ville. Je remarquai une habita-
tion d'une construction assez bizarre. Ses murs,
délabrés par les injures des saisons, indiquaient
suffisamment que sa fondation remontait à une
époque reculée. Excité par la curiosité, je de-
mandai à un matelot ce que pouvait être ce
bâtiment qui fixait mon attention.

— C'est, me dit-il, une chapelle consacrée à
l'étoile du nord, c'est-à-dire à Notre-Dame de
la Délivrance. Le pêcheur boulonnais ne donne
jamais sa voile au vent, avant de s'être age-
nouillé sur les dalles de ce temple. Quand la

pêche est bonne, les patrons des bâteaux vont y faire brûler des cierges.

CHAPITRE V.

A mesure que nous avancions, Boulogne se
dérobait à notre vue, et Calais allait se montrer
bientôt avec ses hautes tours. Nous naviguions
depuis trois quarts d'heure environ dans la mer
du nord, lorsque nous passâmes à quelques
brasses d'un chasse-marée qui courait sous toutes voiles. Le capitaine breton héla M. Landry,
et lui demanda le nom de notre navire.

— *L'Eugénie, de Bordeaux*, répondit le
capitaine à l'aide de son porte-voix.

D'Amsterdam jusqu'à Calais, le breton avait
toujours été saisi dans une brume très épaisse.
Depuis une heure seulement, il avait pris connaissance de la terre. Bientôt les paroles de ce
capitaine ne parvinrent point jusqu'à notre bord,
et le dernier mot que nous pûmes entendre à

peine fut le mot *Malertoui*. La nuit étendait ses sombres voiles sur la mer, et par babord sous le vent à nous, on voyait plus de six cents bâteaux-pêcheurs appartenant à la Belgique. Les marins qui les montaient nous saluèrent sur notre passage des cris mille fois répétés de : *Vive la France!* Plusieurs d'entr'eux voulaient même nous donner des poissons ; mais les vents nous poussaient avec tant de force que nous ne pouvions accoster sans danger quelques-uns de ces bâteaux.

A neuf heures, le 20 mai, nous découvrîmes le feu de Galloper. La lumière de ce phare signale aux pauvres matelots les écueils menaçants près desquels ils se trouvent placés. Souvent et surtout en hiver, une brume très épaisse règne dans ces parages et rend la navigation très difficile. Ce phare de Galloper consiste en un petit bâtiment dépourvu de ses cordages et de ses mâts. A chaque extrémité sont dressés des fanaux qui projettent au loin leur lumière vive et étincelante. Après avoir pris connaissance de ce phare, nous gagnâmes le large et nous continuâmes de filer vent-arrière. Nous étions à quelques milles de l'embouchure de la Tamise, lorsque nous fûmes accostés par une jolie goëlette à la taille fine et élancée. Ses voiles étaient blanches comme du coton, et

le pont luisait comme le parquet d'une salle
royale. Le dôme, qui cachait l'habitacle et le
compas, était en cuivre doré ; et les barreaux,
qui étaient rangés autour de la claire-voie,
étaient brillants comme les plumes d'un paon.
Les mâts tombaient sur l'arrière ; et à la pomme
de ces mâts, de longues flammes rouges se
balançaient dans les airs, en se tordant comme
des serpents. Les marins portaient un costume
élégant, et cette tenue étrangère aux gens de
bord indiquait qu'ils étaient au service d'un
riche capitaine. Sur l'arrière de cette gentille
goëlette, on lisait écrit en lettres d'or, sur un
fond d'azur surmonté d'une couronne :

L'aimable Rachel de L....

Une yole magnifique, dans laquelle était étendu
un grand tapis de Turquie, vint déposer à notre
bord le capitaine de la goëlette. C'était un homme
qui pouvait avoir une quarantaine d'années. Sa
barbe était noire, et sa figure, qui était couverte
de quelques rides, annonçait qu'il avait bien
souffert pendant sa vie. Ses yeux étaient mornes
et languissants, et sa voix était rauque. Sa
démarche était assez dégagée, et sa physionomie présentait quelque chose de sombre. Il pria
fort poliment M. Landry de vouloir bien lui

accorder un moment d'entretien. Celui-ci y consentit volontiers, et tous les deux descendirent dans la cabine.

— Est-ce que vous n'êtes jamais allé dans le golfe du Mexique? demanda le vicomte de L....

— Je m'y trouvais, il y a cinq mois, répondit le capitaine de *l'Eugénie.*

— N'avez-vous pas entendu parler, dans ces mers éloignées, d'un pirate ayant nom Brutallo?

— Une partie de ma cargaison a même été capturée par lui.

— O ciel! s'écria le vicomte en faisant un geste d'étonnement.

— Vous connaissez ce terrible écumeur?

— Hélas!

— C'est un rude cachalot.

— Soyez assez bon, capitaine, pour me raconter les circonstances dans lesquelles s'opéra cette prise.

— Avec plaisir, répondit le capitaine, et il commença en ces termes :

Je me trouvais à cinquante lieues du golfe du Mexique lorsque je vis venir, sur moi, grande largue, un brick armé en guerre. Je craignais un abordage entre les deux navires, lorsque je commandai au timonnier de laisser arriver et de mettre toute la barre dessous. Je venais à peine de donner ce commandement que déjà le brick rasait de ses haubans la pointe du beaupré. En passant devant nous, le capitaine m'ordonna de mettre en panne, me menaçant de lâcher ses bordées si je n'exécutais promptement son ordre. Je me vis forcé de mettre en panne, et j'attendis dans une grande anxiété. Quinze matelots, armés jusqu'aux dents, sautèrent à mon bord et me prièrent d'ouvrir les panneaux de la cale. Ne pouvant résister à cette sommation, j'ouvris les panneaux, et ces brigands hissèrent sur le pont quatre tonneaux de vin de Champagne. Quand ils eurent embarqué ce vin, ils me remirent la somme de mille francs, et s'éloignèrent en me saluant de trois coups de canon.

— Pourriez-vous, dit le vicomte, me faire le portrait du capitaine Brutallo?

— Je n'ai pas eu le plaisir de le voir; il était à son bord pendant que les matelots m'enlevaient le vin de Champagne. Chose curieuse, c'est que l'embarcation qui accosta mon navire était commandée par une femme bien jeune et d'une grande beauté.

A cette révélation, le vicomte soupira fortement et s'écria :

— Pauvre Rachel!

— Arrivé à Vera-Cruz, reprit le capitaine Landry, j'appris que le pirate Brutallo avait enlevé, par une belle nuit, l'officier qui commandait le vaisseau stationnaire du port. Voilà tout ce que je puis apprendre; et je souhaite ardemment que les renseignements que je vous ai donnés puissent vous être de quelque utilité.

— Je vous remercie, capitaine, et pour que vous puissiez vous souvenir de cette entrevue, je vous prierai d'accepter ces pistolets que vous voyez à ma ceinture.

Le vicomte les prit et les posa sur la table de la cabine, en recommandant au capitaine de ne jamais s'en défaire. M. Landry les accepta avec empressement, et donna à son tour au vicomte de L.... un poignard turc. Peu de temps après, la goëlette se remettait en marche et laissait flotter le pavillon anglais à la corne de la brigantine. *L'Eugénie* reprit aussi sa course rapide.

Le 24 mai, les vents varièrent, et, dans la nuit, nous fûmes obligés de courir des bordées sur une mer un peu agitée. Jusqu'au 26 mai, il ne se produisit aucun incident digne d'être mentionné. Dans la nuit du 26 au 27 mai, le vent devint si violent que nous fûmes forcés de serrer toutes les voiles, sauf les huniers et les focs. Le ciel se couvrit de nuages épais, le tonnerre gronda, et la mer prit un caractère menaçant. Nous marchions au plus près. D'énor-

mes lames s'abattaient sur le pont et venaient
se briser contre le poste des matelots. Les cordages étaient fortement balancés, et dans ce
bruit infernal on entendait, à de rares intervalles, les cris sinistres de quelques oiseaux de
mer. De rapides éclairs sillonnaient les nues et
éclairaient dans leur passage ces gouffres ef-
frayants qui nous entouraient de tout côté. Le
navire était vivement ballotté par les flots et
s'élançait sur les cimes élevées des ondes mugissantes, pour tomber à pic dans les abîmes pro-
fonds qui s'ouvraient devant nous. Le timonnier
frémissait à la barre du gouvernail et disparaissait par moments sous les vagues immenses qui
frappaient la dunette. A trois heures du matin,
le grand foc était enlevé, et les bastingages
criaient sous les étreintes du vent. Tandis que
la tempête devenait de plus en plus furieuse,
les deux matelots, dont nous avons parlé au
commencement de cet ouvrage, se tenaient
dans le poste et faisaient la petite conversation :

— Chavire donc, la barque, disait l'un, notre
misère finira plus tôt.

— La brise est diablement carabinée, disait
l'autre ; le temps se gâte, les barbes du chat
ne présageaient rien de bon.

En même temps une grosse vague envahissait

le pont et faisait tomber sur la drome le mousse du bord.

— Dis donc, mousse, tu fais le farceur, tu veux nous égayer : continue, l'ami, et tu seras un bon garçon.

Ainsi parlait un matelot bordelais ; et le pauvre mousse se traînait péniblement sur le pont en jurant comme un vieux matelot. *Lofez ! lofez !* timonnier ! cria la vigie du gaillard d'avant. A ce cri d'alarme, tout l'équipage parut sur le pont et put voir passer à quelques brasses du beaupré un grand trois-mâts qui courait presque sous toutes voiles. *Mettez donc toute la toile dehors !* dit le capitaine de ce navire en s'adressant aux marins de *l'Eugénie,* et le trois-mâts fila au loin.

A cette voix le matelot Ivon s'approcha de José et lui dit à voix basse :

— José, le navire à sort dont je t'ai parlé à Bordeaux vient de passer : il arrivera malheur ! nous sommes en danger ; nous ne ferions pas mal de dégager la chaloupe et de parer les caliornes. Oui, oui, *l'Emma-Julie* vient de passer.

— A quoi as-tu reconnu ce navire à sort ?

— Frère, je l'ai reconnu à l'échancrure de ses voiles, à son roufle, à ses bastingages : et ensuite la voix du capitaine m'a frappé ; j'en suis sûr ; c'est la voix du capitaine Arthur.

Il n'y a que lui, vois-tu, pour oser porter tant de toile par un temps aussi rude.

— Il faut avouer, reprit José, qu'il va de l'avant ce gros navire.

— Oh! quant à ça, reprit Ivon, c'est un fin voilier; c'est une véritable mouche (*).

— Diable! diable!

Le maître d'équipage Châtaignet, homme courageux et dévoué, véritable loup de mer, s'approcha des deux matelots, et leur dit :

— Avez-vous vu ce trois-mâts?

— Oui, maître.

— Il nage comme un poisson.

— Vous avez parfaitement raison.

— J'ai navigué à bord de ce navire : il est commandé par un capitaine qui en a vu de grises.

— Quel est son nom?

— Brutallo! oui, c'est le capitaine Brutallo, un vieux requin qui ferait la barbe à bien d'autres capitaines.

— Vous avez navigué à bord de ce trois-mâts?

— Pendant deux ans.

— Je croyais, interrompit Ivon, que c'était l'*Emma-Julie*, capitaine Arthur.

(*) Dans une escadre, la *mouche* est un bâtiment rapide et léger affecté au service des dépêches.

— Non ; non, c'est le *Caïman* commandé par le capitaine Brutallo.

— Je vous crois, maître.

Ce dialogue fut interrompu par cet ordre du capitaine :

Parez-vous, les enfants ! affalez les cargues-fonds des basses voiles, et larguez les cargues-points ! filez la brigantine !

Le vent s'était légèrement affaibli, et il nous était permis maintenant de filer quelques nœuds de plus. Le 27 mai, nous eûmes connaissance de la terre du Jutland. Nous étions par 57° 6' 50" de longitude N. et 6° 15' 46" de latitude E. La côte, en cet endroit, ne présente guère qu'un état complet de nudité. Quelques cabanes sont jetées çà et là sur une terre rougeâtre et pierreuse. Nous cherchions à nous éloigner de la côte, quand nous vîmes sous le vent à nous, par tribord, un long canot monté par six hommes qui gouvernaient sur *l'Eugénie*. Lorsque le canot ne fut qu'à deux ou trois encâblures du bâtiment, ces hommes nous firent signe de ralentir notre marche : nous mîmes en panne et nous leur lançâmes un bout de corde. Des filets étaient étendus en désordre au fond de l'embarcation où avaient été déposés des poissons. Ces pêcheurs portaient une culotte courte, qui disparaissait aux genoux sous des guêtres en peau de chèvre, guêtres grossières qui étaient fermées à la partie supérieure par une boucle assez mal travaillée. Une large ceinture en cuir était passée négligemment autour de leur taille. Leurs vestes étaient comme les vestes des habitants de la Basse-Bretagne. Ils étaient chaussés de sandales retenues par de longues courroies qui faisaient plusieurs fois le tour des mollets. Leurs têtes étaient couvertes d'un berret à poils longs et luisants. L'un d'entr'eux, qui parlait assez bien l'anglais, proposa au capitaine d'échanger de l'eau-de-vie contre des poissons. Le capitaine accepta la proposition du pêcheur, fit donner à celui-ci une bouteille d'eau-de-vie, et reçut en échange quatre belles morues et deux douzaines de harengs. Ces pêcheurs étaient sur le point de nous quitter, lorsqu'ils nous apprirent qu'un navire venait de faire naufrage à deux milles du lieu où nous étions. Nous tournâmes nos regards du côté de la terre, et nous distinguâmes très bien un navire qui était engagé dans les brisants. Nous vîmes, à notre grand étonnement, de nombreuses embarcations longeant la côte et se dirigeant toutes vers un même point.

— Eh bien, José, que t'avais-je dit? Par Notre Dame d'Auray, je jurerais que le trois-mâts du capitaine Arthur vient d'être jeté à la côte.

— Frère Ivon, je commence à croire que tu avais raison.

— C'est une bêtise de naviguer à bord d'un navire à sort.

Le capitaine ordonna de mettre la chaloupe à la mer. Ses ordres furent exécutés immédiatement, et je descendis dans l'embarcation avec M. Landry. Nous arrivâmes bientôt sur le lieu du désastre. Adossé contre des rochers, le navire était entièrement abîmé; incliné sur babord, il recevait l'eau par les larges ouvertures qui avaient été pratiquées sur ses flancs. Les mâts, qui étaient étendus sur le pont, faisaient comprendre que l'équipage s'était trouvé dans la triste nécessité de démâter le navire. Séparés de la terre par la brume épaisse qui les empêchait de pouvoir s'orienter, ces pauvres marins n'avaient su de quel côté se tourner. Les uns avaient gagné le large pour périr misérablement dans les flots; et les autres, ayant erré au hasard, étaient arrivés sur la grève. Ici, on voyait un corps meurtri et couvert d'un sang noir; là gisaient d'autres cadavres avec des yeux ouverts, immobiles, qui vous glaçaient d'effroi. Les cinq matelots, qui avaient eu le bonheur d'atteindre le rivage, regardaient dans un morne silence ces êtres inanimés qui naguère étaient pleins de vie. De grosses larmes

coulaient sur leurs joues, et, par un mouvement involontaire, leur attention se portait
sur les brisants contre lesquels était venu heurter
le navire. Leurs figures étaient pâles et défaites,
et les plaintes qu'ils proféraient nous inspiraient
une sorte de terreur et de pitié. A quelques
pas des matelots était un cadavre qu'on avait
couvert de précieux habits; et auprès de ce
corps que la vie n'avait pas encore abandonné
se tenait un homme de trente ans environ. Il
était appuyé sur une carabine; son regard était
fier, sa figure expressive, et sa voix habituée
au commandement. Bientôt la foule, qui se
pressait autour de ce corps, s'écarta lentement
pour laisser passer un vieux bonhomme qui était
armé de quelques instruments de chirurgie. Le
médecin fit enlever les habits qui cachaient à
la vue une femme dont ce sommeil agonisant
révélait toute la beauté. De larges gouttes d'eau
ruisselaient sur son front et sur ses joues,
qu'avait quittées la fraîche couleur de ces roses
que l'on cueille au printemps. Ses yeux bleus
exprimaient une douceur angélique. Sa bouche
était petite, et autour de son cou brillait un
collier noir qui contrastait à merveille avec
l'éclatante blancheur de cette peau veloutée.
A la partie inférieure de ce collier était suspendu
un anneau d'or auquel était attaché un médaillon

enrichi de diamants. Nous dirons même qu'on avait gravé un R sur le châton d'une bague qui entourait un doigt de cette femme magnifique. Le disciple d'Hippocrate prit avec précaution la main droite de cette belle créature, retroussa jusqu'au coude une des manches de la robe, et fit voir un bras aux formes délicieuses. Après avoir tâté le pouls, le vieux danois voulut opérer une saignée. Pour moi, qui assistais à cette scène attendrissante, je détournai les yeux pour ne pas voir pénétrer un fer aigu dans ce bras qui eût fait honneur à la vierge de Van Dyck. Lorsque la saignée fut pratiquée, un soupir saccadé s'échappa de la poitrine de cette femme. Le médecin introduisit un de ses doigts entre la robe et la partie supérieure du corps, et appuya un instrument tranchant sur cette robe de soie qu'il fendit jusqu'à la ceinture. Ensuite il déposa ses mains osseuses entre deux beaux seins, qui soulevaient avec force une fine dentelle. Cette femme ouvrit des yeux tristes et languissants qu'elle éleva vers le ciel. Ces yeux étaient superbes et aussi séduisants que ceux de la vierge priant sur le Calvaire, aux pieds de la croix du rédempteur des hommes. On enveloppa cette malheureuse créature dans un large drap, et elle fut transportée au village voisin. La foule curieuse accompagna les naufragés, qui nous serrèrent la main en nous souhaitant un meilleur sort. Nous rentrâmes à bord, et nous continuâmes de voguer, favorisés par un vent protecteur.

Le 29 mai, le temps était beau, et l'arc-en-ciel aux vives couleurs nous signalait l'étrange changement qui venait de s'opérer dans la nature.

CHAPITRE VI.

Nous allions entrer dans le Cattégat, lorsque nous fûmes accostés de nouveau par la goëlette du vicomte de L.... Celui-ci sauta à notre bord, et serrant la main au capitaine, « on vient de » m'apprendre, dit-il, que le pirate Brutallo » se trouve dans ces mers. »

— Serait-il possible?

— On vient de me l'assurer, et je l'attends au passage.

— Si je ne croyais pas pousser trop loin mon indiscrétion, je me permettrais de vous demander quelles sont les affaires que vous avez à démêler avec lui.

— Capitaine, j'ai à exercer une vengeance. Cet homme a eu l'audace de m'enlever ce que j'avais de plus cher au monde. Il m'a volé ma fille bien-aimée!

— Adieu, cher capitaine.

— Au revoir, bon vicomte.

Après le départ du capitaine de la goëlette, Ivon dit à son ami José :

— Frère, que penses-tu de ces deux visites que *l'Eugénie* a reçues ?

— Dame, je ne sais qu'en dire.

— Je crois que nous ferons une mauvaise campagne ; tout ce qui s'est passé ne signifie rien de bon : j'ai peur du grain, et ce grain sera fameux ; quelque chose me le dit : vois-tu, José, j'ai dans le cœur comme qui dirait une personne qui me commande de veiller au grain, et de me défier.

— Dame, dame, il pourrait y avoir quelque chose là-dedans.

— Depuis plusieurs jours les coqs ne chantent plus ; le maître est plus sévère, et le capitaine a perdu sa gaîté.

— C'est vrai, répondit José.

— Que le feu du ciel m'élingue si je me trompe.

— Ne craignons rien, frère Ivon, Notre Dame d'Auray nous protégera. Cette croix bénite que ma mère mourante me donna m'a préservé cinq fois d'un grand naufrage. Le matelot baisa cette croix avec un saint respect.

— José, j'ai été obligé de déloger (*) quatre

(*) Faire naufrage.

fois dans les mers du sud, et il ne m'est arrivé aucun mal! C'est que, vois-tu, je possède depuis vingt ans ce scapulaire qui est chargé d'avaries (*).

Hâlez les boulines! cria le capitaine : et ce commandement mit fin à la conversation des deux matelots.

Le 1er juin, nous étions dans le Sund. Tout bâtiment, qui veut naviguer dans la mer Baltique, doit jeter l'ancre devant Elseneur, pour payer des droits de passage. Quand nous entrâmes dans le Sund, il faisait un temps magnifique. Le ciel était serein, de nombreuses étoiles brillaient à la voûte céleste, et la mer était calme et silencieuse. Une faible brise, brise embaumée qui venait des champs, enflait les blanches voiles du navire et nous poussait lentement dans le détroit où arrivaient en même temps que nous plus de soixante bâtiments. On n'entendait que la voix des capitaines et les chants des marins. Les chaînes des ancres étaient agitées à bord de tous les navires; et les grosses pièces d'artillerie ronflaient dans les forts et sur les vaisseaux de guerre. Les bruyantes fanfares, qu'on exécutait sur le vaisseau amiral, contribuaient puissamment à donner à cette soirée un caractère enchanteur. Un vaste et riche tableau se déroulait devant

____

(*) Ce qu'on peut traduire par ces mots : *qui est en lambeaux.*

nous. D'un côté, nous voyions le Danemarck avec ses vertes prairies, ses grands jardins et ses gracieuses gondoles aux voiles triangulaires. De l'autre, la Suède nous forçait d'admirer ses villages riants, ses rochers gigantesques et son rivage capricieux. Des forêts profondes s'étendaient coquettes et imposantes le long de la mer. De superbes châteaux étaient assis dans des massifs d'arbres touffus qui élevaient leurs cimes élevées à une hauteur prodigieuse. En un mot, la soirée était délicieuse et aussi délicieuse que celles dont on jouit souvent sous le beau ciel de la fertile Martinique.

A Elseneur, le détroit du Sund est défendu par un fort d'une rare solidité. Nous allons essayer d'en donner une courte description. C'est une pièce carrée située sur une pointe de terre qui s'avance dans la mer. Avant d'arriver à ce fort, il faut franchir plusieurs fossés habilement défendus. Le fort est séparé des redoutes par une espèce de plate-forme hérissée de canons. Cette immense plate-forme dépasse les plus hautes redoutes d'une quinzaine de mètres. Le granit se voit de tout côté, et sur la partie N.-O. du fort trois rangées d'ouvertures assez larges donnent passage aux gueules des canons. Du côté d'Elseneur, un mur noirâtre présente en dehors des milliers de trous par où passerait facilement le canon d'un fusil du plus gros calibre. Ces murs finissent à une hauteur de cinquante mètres environ, et sont surmontés de quatre grandes tours. Celle qui se trouve à l'angle trièdre, formé par les deux murs qui regardent la mer, a la figure d'une colonne composée de vases le long desquels se dressent des anses gracieuses qui vont en s'effaçant à mesure qu'elles tendent vers le sommet. Au dessus de cette tour est posée une couronne en bronze, au faîte de laquelle flotte le pavillon du Danemarck. Les vaisseaux de guerre, qui oseraient essayer de franchir ce détroit de vive force, seraient bientôt coulés à fond. Nous étions devant le fort, quand la rade résonna du bruit d'une salve d'artillerie qui avait été tirée à bord du vaisseau stationnaire. Les navires se pavoisèrent alors, et on ne vit plus dans la rade qu'une forêt de mâts. Nous avancions toujours en nous disposant à jeter l'ancre, lorsque nous vîmes, sur le quai, une quantité innombrable de canots qui étaient commandés par des officiers de l'Etat. Ces embarcations, disposées sur trois rangs dans un ordre parfait, n'attendaient plus qu'un signal pour s'éloigner de la terre. Nous admirions ce tableau frappant que présentait la rade d'Elseneur, lorsque nous vîmes arriver des bataillons armés. En tête de ces bataillons épais marchait un personnage

d'une haute distinction, accompagné d'un brillant état-major. L'arrivée de ce personnage,
qui était monté sur un cheval magnifique, fut
saluée de vingt-çinq coups de canon. A un
signal donné, les matelots laissèrent tomber dans
l'eau leurs rames élevées, et les embarcations
mirent le cap sur le vaisseau stationnaire. Tous
les bâtiments de guerre lâchèrent leur bordée
pendant que les officiers supérieurs montaient à
bord. Plus tard, on nous apprit qu'un prince de
Suède était passé ce jour-là à Elseneur.

Le soir même, je me rendis chez le consul
français avec mon capitaine. Le concierge de
l'hôtel nous fit entrer dans un salon dont je conserve
encore un agréable souvenir. Sur le par-
quet étaient étendues plusieurs peaux de tigres
du Bengale. Le chambranle de la cheminée était
en marbre d'Italie, et ce marbre avait été ciselé
avec beaucoup d'habileté ; sur ce chambranle
étaient posés des vases du Japon, sur les bords
desquels inclinaient leurs têtes des fleurs qui
répandaient dans la salle un parfum délicieux.
Une grande glace, entourée d'un cadre antique,
était placée contre la cheminée ; et la tapisserie,
qui couvrait les parois des murs, était bien
fraîche et chargée de dessins bizarres. De superbes tableaux représentant des scènes maritimes
étaient suspendus çà et là. Et à l'un des angles

de la salle, on voyait une table en marbre qui s'appuyait sur les têtes de deux lions en bronze. De larges fauteuils et des canapés d'un goût exquis servaient encore d'ornement à ce joli salon. Puis, en face de la porte d'entrée, une pendule magnifique brillait sur une table en bois qui paraissait avoir une grande valeur. Enfin, nous finirons de parler de ce salon, en disant que les dorures et les dessins qu'on remarquait au plafond étaient tout à fait distingués. Après une demi-heure d'attente, on nous annonça l'arrivée du consul, qui ne tarda pas à se présenter devant nous. C'était un homme assez jeune ; sa démarche était imposante : sa parole, douce et facile, et ses bonnes manières accusaient un cachet de la haute société. Après avoir échangé avec lui les compliments d'usage, nous nous laissâmes tomber dans les bras des fauteuils, et nous causâmes pendant une heure de notre belle France. Nous étions sur le point de prendre congé de l'aimable consul, lorsque celui-ci sonna son valet de service et lui commanda d'apporter des cigares de la Havane et du vin de Champagne. Nous passâmes encore quelques moments avec le consul, qui eut l'extrême bonté de nous accompagner pour nous faire voir la ville.

CHAPITRE VII.

Elseneur. — Traversée d'Elseneur à Cronstadt.

Les rues d'Elseneur sont étroites et mal pavées ; elles sont dans un grand état de saleté. Les maisons sont peu élevées et bâties avec une grande simplicité. Cette ville est assez riche en magasins ; les objets y sont étalés en désordre, et les marchands sont d'une indolence extraordinaire. Ils se tiennent continuellement derrière le comptoir, fument leurs longues pipes, et se préoccupent médiocrement de la vente. Ils ne sont pas doués de cette activité, de cette amabilité qui caractérisent nos boutiquiers : ils ne sont pas empressés à vous servir ; on dirait qu'ils exercent leur profession plutôt par devoir que par intérêt. Il n'y a pas de monument remarquable à Elseneur. Deux ou trois édifices en ruines s'élèvent au sein de ces sombres habitations. Leur construction n'offre rien de curieux.

Les femmes sont très jolies, en général ; en été, elles portent un léger costume qui laisse à découvert les bras et la partie supérieure du corps, même les mollets. Elles fument la cigarette ou le cigare avec beaucoup d'élégance. Leur physionomie n'est pas sévère comme celle des hommes. En un mot, elles possèdent des charmes assez attrayants.

Il est une chose qui m'a frappé singulièrement. Quand deux hommes se rencontrent dans une rue ou bien sur une place publique, ils se saluent d'une façon étrange. Ils se regardent de travers, sans remuer la tête, et portent brusquement leurs chapeaux au dessous des genoux.

Il était onze heures du soir, lorsque nous rentrâmes à bord.

Immédiatement après notre arrivée, nous hissâmes le pavillon au haut du grand mât, et nous courûmes au guindeau. En peu de temps l'ancre fut levée, et, à minuit, une forte brise gonflait les blanches voiles, et *l'Eugénie* s'avançait rapidement vers la mer Baltique. Nous étions devant Copenhague, lorsque là brume nous enveloppa dans ses ombres. Le navire filait de l'avant, et nous entendions à de rares intervalles les chants monotones des marins et les vibrations des cloches qu'on agitait à bord des galiotes hollandaises. A deux heures du matin, la vigie, qui veillait au bossoir, prononça ces mots avec une grande précipitation :

Oh la hé! attention, un navire au vent à nous!

Aussitôt le capitaine monta sur le pont et annonça sa présence sur la dunette par ce commandement :

Lofe! timonnier, lofe! toute la barre dessous, toute, toute!

Deux minutes après, une galiote hollandaise passait devant nous avec la rapidité de l'éclair. Elle ne pouvait naviguer vers Elseneur qu'en louvoyant, parce qu'elle avait des vents debout. Le lendemain, nous naviguions à la hauteur de l'île Bornholm, lorsque le maître d'équipage crut découvrir un bâteau pêcheur à l'aide de sa lunette d'approche. Il avertit le capitaine, et celui-ci, braquant sa lunette sur l'objet qui était en vue, crut aussi reconnaître un bâteau. *L'Eugénie* nage toujours, et les regards de l'équipage entier sont fixés sur le point noir qui paraît à l'horizon lointain. Nous avançons, et la curiosité devient plus vive, la crainte du danger est plus apparente, et tous les cœurs sont en suspens. Nous n'étions plus qu'à un mille du prétendu bâteau, lorsque le maître s'écria que nous avions devant nous un navire qui avait fait naufrage.

— Nous courons peut-être sur des brisants, dit le second de *l'Eugénie*.

— Ce n'est pas possible, répéta le capitaine : je suis sûr que nous sommes en route.

Un commencement de crainte s'était manifesté parmi les marins épouvantés, lorsque M. Landry augmenta leur frayeur par ces mots :

Timonnier, laissez courir le navire, et gouvernez sur ces brisants !

Le timonnier obéit, et un quart d'heure après, *l'Eugénie* effleurait de ses bastingages noirs les voiles déchirées qui flottaient le long des mâts de perroquets, flasques et sans bruit.

CHAPITRE VIII.

Arrivée à Cronstadt. — Visite de la Douane. — Le Fils d'un Consul Anglais. — Arrivée à Saint-Pétersbourg.

Le 10 juin, nous mouillions devant le port de Cronstadt qui se trouve à l'embouchure de la Néva. Nous touchions à la fin de la première traversée, et déjà nous éprouvions un plaisir extrême en pensant que nous pourrions désormais nous délasser amplement des fatigues de ce premier voyage. Nous étions heureux de voir cette terre, qui fut jadis le théâtre de cette guerre acharnée que se firent deux grands hommes, Charles XII et Pierre-le-Grand. Tout ce que l'on ressent de joie, de bonheur, à la vue du pays natal qu'on a désiré revoir bien des fois, nous l'éprouvions alors. Je contemplais avec un intérêt toujours croissant ces monuments surmontés de dômes, ces remparts formidables, et les Russes, qui travaillaient sur les quais. J'aurais voulu descendre à terre pour oublier pendant quelques heures la vie de bord ; mais les vents soufflaient avec force, et ces vents nous étaient favorables pour nous conduire jusqu'à Saint-Pétersbourg.

A cinq heures du soir, nous filâmes la chaloupe qui était amarrée sur l'arrière du navire, et le capitaine alla voir le consul français. Il revint bientôt accompagné d'un enfant qui était à peine âgé de quatorze ans. De longs cheveux blonds tombaient par mèches naturellement bouclées sur ses épaules et sur son front qui était d'une grande blancheur. Deux gros yeux noirs brillaient avec ardeur sur sa figure fraîche et souriante ; joignez à cela des dents parfaitement rangées, blanches comme l'ivoire, une taille élancée et une démarche d'enfant. Il partagea notre dîner, et il nous intéressa vivement par sa conversation spirituelle et animée. Il connaissait très bien le français, l'espagnol, l'allemand et le russe, qu'il parlait avec autant de facilité que l'anglais, sa langue maternelle. Il avait lu les principaux romans d'Alexandre Dumas, d'Eugène Sue, Balzac, Frédéric Soulié, George Sand, etc., etc. Il avait fait une étude approfondie de l'histoire. Son langage était facile, sa prononciation d'une grande pureté, et son accent décelait quelque chose de distingué. A onze heures et demie, il nous quitta en nous disant : *au revoir,* et en nous laissant muets d'étonnement.

Cet enfant était le fils du consul anglais; il était employé dans les bureaux du consulat de France.

Un léger crépuscule allait s'étendre sur le port et sur la ville de Cronstadt, et nous n'avions pas encore reçu la visite de la douane. Nous fûmes donc forcés de rester en ces lieux jusqu'au lendemain.

Pendant que l'équipage dormait, je faisais mon quart sur le pont du navire. Toute mon attention était absorbée par le mouvement qui régnait là où finit le golfe de Finlande. Des bâteaux à vapeur, richement décorés, voguaient dans le port marchand; les uns venaient de la capitale de la Russie, les autres en prenaient la direction, tandis que certains faisaient la quarantaine. Les passagers se tenaient sur le pont soit pour y respirer la fraîcheur de la brise, soit pour y jouir des charmes de la conversation, soit encore pour voir une dernière fois cette terre où les uns avaient goûté le bonheur, et où les autres avaient coulé de tristes jours. Le soleil disparaissait à l'horizon, et les pâles rayons de ce soleil couchant venaient mourir dans les eaux de la Néva.

Il est impossible de rendre toute la beauté de ces nuits d'été. Quand on se trouve dans un vaste port couvert de milliers de bâtiments, on est en présence d'un tableau ravissant qu'on ne peut attribuer qu'à cette harmonie en vertu de laquelle se meut cette grande masse qu'on appelle le monde, et qui ne peut être l'œuvre que de l'Etre suprême. Non, non, on ne peut se faire une idée exacte des délices de ces nuits que l'on passe sur un navire qui se balance mollement dans les eaux des pays étrangers. Tout tend à agrandir le domaine de la pensée, à réjouir puissamment la perception extérieure!

Minuit sonnait aux horloges de la ville, lorsque je jetai un dernier coup d'œil sur ce ciel si beau, sur les tours de Cronstadt et sur la campagne, qui était alors dans toute sa richesse. Je descendis dans la cabine, le cœur rempli d'émotions heureuses produites par de doux projets, et ensuite par le spectacle frappant, enchanteur, dont je venais d'admirer toute la puissance.

Le jour suivant, à huit heures du matin, nous lancions un bout de corde à un large canot monté par quinze rameurs et cinq officiers. Le costume de ces officiers était à peu de chose près comme celui des officiers de la douane de France. Quant aux rameurs, ils portaient un pantalon d'une toile grossière et une blouse, qui était serrée à la ceinture par une large courroie. Les figures de ces hommes étaient maigres et encadrées d'une longue barbe rousse. Aussitôt que les officiers se trouvèrent sur le pont, ils s'empressèrent de pénétrer dans la cabine du capitaine, et vinrent s'asseoir autour de la table. Ils demandèrent à M. Landry les rôles du navire, qui leur furent remis immédiatement. Ils apposèrent leurs signatures sur ces rôles et demandèrent une bouteille de rhum pour prix de leur travail. Le mousse apporta du rhum, du champagne et des cigares du Brésil. Après avoir bien bu, bien ri et bien chanté, ces officiers firent semblant de visiter le navire dans ses parties les plus cachées, et nous quittèrent en nous disant que nous pouvions mettre à la voile.

— Au guindeau! au guindeau! dérape l'ancre et brise la chaîne! crièrent les matelots qui sautèrent au gaillard d'avant!

Mousse! en haut larguer les perroquets et les huniers!

Hisse la brigantine et parez les manœuvres! tout le monde sur le pont!

L'Eugénie se relève de l'avant, bondit sur son ancre, prête ses voiles à la brise, et bientôt elle fend de sa proue effilée les eaux limpides de la Néva.

Nous étions à six milles de Cronstadt, lorsque nous ressentîmes à bord une secousse assez violente. Nous venions d'échouer sur un banc de sable. Nous nous empressâmes de serrer toutes les voiles, et nous hissâmes le pavillon de détresse. Nos signaux furent distingués à bord d'un brick de guerre, et nous vîmes venir sur nous trois embarcations montées par un grand nombre de matelots. Grâce au concours très actif que nous prêtèrent ces matelots russes, nous parvînmes à sortir du mauvais pas dans lequel nous étions engagés. Le navire repartit à toutes voiles, semblable à un oiseau qui, étourdi par la poudre du chasseur, reste sans mouvement et s'élance dans l'espace.

Le 12 juin, nous jetions l'ancre en face du palais de l'Empereur.

Le capitaine ouvrit alors le paquet que le consul lui avait remis à Cronstadt, et qui contenait les instructions suivantes :

1° Il est expressément défendu de fumer dans les rues et sur les places de la capitale.

2° Tout matelot français qui se portera à des voies de fait contre un sujet russe sera condamné à une punition corporelle.

3° Tout étranger qui adressera des insultes quelconques à une personne au service de Sa Majesté Impériale sera puni très sévèrement

4° Les marins qui par leurs chants ou tout autre moyen chercheront à troubler le repos de la ville, ou à semer la discorde dans les lieux publics, subiront la peine du knout et seront envoyés en Sibérie.

5° Il est interdit de faire la cuisine à bord, et de fumer sur les navires.

Ainsi le veut l'Empereur Nicolas ; que sa volonté soit faite.

M. Landry fit la lecture de ces instructions aux marins de *l'Eugénie,* qui se livrèrent à de curieuses réflexions.

— Tiens, disait l'un, qu'est-ce que c'est que cet animal de Nicolas : je suis bien sûr qu'il n'attache pas ses chiens avec des saucisses.

— En voilà-t'il une, répondait le novice; nous allons être heureux comme des oiseaux que l'on étrangle.

Le matelot Sémaria. — Ah ben! ils sont encore bons dans ce pays d'avaler cette ration : elle est difficile à tortiller.

Cresson. — Il paraît qu'on ne mène pas les gens en douceur dans ce sale bahut.

Spiro. — Qu'est-il donc que ce kenout, snout, ah! zut, je passe la jambe à l'ordonnance.

Le Mousse. — Nous ne sommes pas tombés en paradis.

Bobo. — Quelle vilaine bête ça doit être le gouverneur du pays, etc., etc. ?

Nous venions de serrer les voiles et nous roulions les manœuvres autour des cabillots, lorsque la lettre ci-après fut donnée à M. Landry :

« Cher Capitaine,

» Le pirate Brutallo venait de faire nau-
» frage à la pointe du cap Skagen, lorsque je
» vous ai vu pour la seconde fois. Il a évité le
» danger, et la malheureuse Rachel a échappé à
» la fureur des flots. Si vous pouvez me donner
» de plus fraîches nouvelles, empressez-vous
» de m'écrire ; votre lettre me causera un sen-
» sible plaisir.

» Votre tout dévoué,

» Le Vicomte de L.... »

M. Landry plaça la lettre dans son porte-feuille, et n'y prêta pas une grande attention, tant il était occupé du déchargement du navire.

CHAPITRE IX.

Saint-Pétersbourg !

SAINT-PÉTERSBOURG est une ville toute moderne, composée de plusieurs îles dont les bords riants sont caressés mollement par les eaux tranquilles de la Néva. C'est une des plus belles villes du monde. On y trouve de somptueux palais, des églises magnifiques, de riches hôtels, de vastes arsenaux et des maisons pleines de coquetterie. Cette grande capitale possède de nombreuses bibliothèques, des écoles militaires, des théâtres et des monuments d'une beauté remarquable. La population de Saint-Pétersbourg est divisée en trois grandes classes : la classe des nobles, la classe des négociants et la classe des *mouziks* ou esclaves.

Les nobles ou *barin* constituent la classe la plus élevée de Saint-Pétersbourg. Ils sont parfaitement civilisés, parlent tous un bon français et possèdent des richesses considérables. Ils ont des mœurs douces et polies, étalent un luxe oriental dans leurs riches habitations et donnent souvent des fêtes brillantes. Le caractère des *barin* est très ouvert en général, et vous trouvez chez eux beaucoup de franchise et de cordialité. Ils sont très bons pour les étrangers, et principalement pour les français. Les femmes qui appartiennent à cette classe sont très aimables et très belles en même temps. Quand elles ont atteint l'âge de quatorze ans, elles sont déjà bien formées et douées d'une forte complexion. Leur caractère est assez jovial : cependant elles n'ont pas cette énergie active, cette vivacité entraînante qui distinguent les françaises. Elles ont des connaissances très étendues, et il est rare de trouver une dame russe qui ne sache parler trois ou quatre langues. Dans les salons, on parle français très fréquemment.

Dans la belle saison, les nobles ont des costumes qui diffèrent très peu des costumes de Paris. Au reste, les magasins de modes sont tenus par des françaises. Quant aux habits des seigneurs, ils sont confectionnés par des ouvriers, qui suivent également les modes des Parisiens. En hiver, on se couvre de fourrures précieuses, de riches manteaux qui ont une valeur de vingt-cinq à trente mille francs.

Les négociants ne forment pas, comme en France, un seul et même corps, jouissant des mêmes avantages, ayant les mêmes droits et étendant le commerce à l'intérieur où à l'extérieur. A Saint-Pétersbourg, les négociants sont partagés en trois classes ou guildes. Les deux premières ont le droit d'entretenir avec les étrangers des relations commerciales. La troisième classe ne peut faire le commerce qu'à l'intérieur.

Les *moujiks* travaillent continuellement et ne retirent aucun fruit de leurs pénibles travaux. Ils sont très sombres, apathiques et très fourbes. Leur costume consiste en un vaste paletot en peau de mouton, en un gilet d'une toile très forte, et en de larges pantalons qui vont se perdre dans les plis des *sapaguis* (bottes).

Il y a peu de rues à Saint-Pétersbourg, mais ces rues sont très longues, tirées au cordeau et d'une grande largeur. On n'y voit point de ces rues étroites et tortueuses qui déparent toujours certains quartiers des principales villes de France. Dans les lieux retirés, vous trouvez des rues bordées de maisons de bois; mais ces maisons sont tenues avec beaucoup de goût et ne manquent pas d'avoir une certaine élégance. Les plus belles rues de Saint-Pétersbourg prennent le nom de *prospekt* (perspective).

La perspective de *Nevsky* ou *Nevskoï prospekt*

offre à l'étranger un tableau ravissant de goût, de richesse et de variétés. Elle a une lieue et demi de long sur cent cinquante pieds de large. C'est là qu'on voit les premiers magasins et les principaux monuments de la ville. Il est impossible de trouver plus de beautés dans une autre capitale. Tout ce que l'imagination la plus féconde peut créer de sublime, de grandiose, de merveilleux, se voit dans cette perspective. Si nous voulions parler en détails de tout ce qu'il y a de remarquable, nous serions obligé de nous arrêter à chaque palais, à chaque hôtel, à chaque magasin, pour étaler aux yeux du lecteur des curiosités sans nombre.

En fait de perspectives nous citerons comme des beautés inouies :

Zagorodnoï prospekt. Liteinoï P. Vozne senskoï P. Izmaïlovskoï. Kammeno-Ostrovskoï P. Botchoï P. et Moloï P.

Le mode de pavage de ces perspectives est assez curieux pour que nous en disions un mot.

A la surface du sol se montrent des billots de sapin qui présentent la forme d'un octogone dont le diamètre est de huit pouces : ces billots de sapin sont fortement collés les uns contre les autres par des chevilles en bois. Les têtes de ces piquets forment une surface très unie, un parquet des mieux tendus. Et au dessous de ces piquets on a établi un pavé ordinaire sur lequel on a déposé une couche de sable. Viennent ensuite des planches goudronnées sur lesquelles s'appuient les billots. On concevra sans peine que les équipages doivent rouler là dessus avec une extrême facilité.

Les places sont immenses et plantées d'arbres. Les principales sont :

1° Le Champ de Mars, où Nicolas vient passer sa garde en revue.

2° La Place de l'Amirauté *(almiralteiskaia Plotchad)*, où commence la perspective de Nevsky. Elle est située sur la rive gauche de la Néva. Aux deux extrémités de cette place s'étendent comme deux grands bras la Place du Sénat et la Place du Palais Impérial. C'est là que se trouve le plus beau quartier de la capitale. Ici, vous voyez l'imposante cathédrale de Saint-Isaac et le Palais Impérial ; là se dressent avec orgueil le Palais d'Hiver, l'Ermitage, les bâtiments de l'Amirauté et la statue équestre de Pierre-le-Grand (*). Non loin de vous, la forteresse vous montre les gueules béantes de ses canons, et sur l'autre rive de la Néva, presque

---

*) Cette statue colossale se compose de trois parties égales : de cuivre, d'étain et de zinc. Son poids est de 45,000 livres. Le bloc de granit sur lequel elle repose pèse trois millions de livres. Cette statue est l'œuvre de l'artiste français Falconnet.

en face de la forteresse, on distingue deux colonnes rostrales, la Bourse, l'Académie des Beaux-Arts et l'Académie des Sciences. Là s'élève encore le manège des gardes à cheval, monument remarquable par son architecture grecque. Les Places d'Alexandra, du Grand Théâtre, du Palais Michel et d'Alexandrovsky excitent à un haut point la curiosité des voyageurs, et provoquent l'admiration de tout le monde. Dans les places où se tiennent les marchés, on voit exposé devant chaque boutique un tableau de la Vierge tenant dans ses bras l'Enfant Jésus. Et même, dans chaque maison, à l'un des angles de chaque salle, est suspendue l'image de la mère de Dieu.

Le Palais d'Hiver est le plus beau de tous les Palais de Saint-Pétersbourg. Cet édifice est sur les bords de la Néva. Il est surmonté d'une coupole byzantine. Cette coupole est richement dorée et brille dans les airs à une hauteur étonnante. Au faîte du Palais, on a placé une grande croix grecque en or massif. Nous nommerons, en passant, les principales salles de ce palais. Ainsi nous indiquerons la salle où se trouvent les portraits des maréchaux russes, la salle d'Alexandre, la salle bleue dont tous les ornements sont de cette couleur, la salle du Trône et la Galerie Militaire, qui renferme les portraits des généraux qui firent la guerre en 1812, 1813, 1814.

Nous renonçons à faire la description de ce palais, parce que tous les éloges seraient trop au dessous de la vérité. Nous nous contenterons de rapporter qu'un auteur anglais a dit que ce palais méritait à lui seul que l'étranger fît le voyage de Saint-Pétersbourg.

Le 1er janvier, toutes les salles de la Maison d'Hiver sont ouvertes au public; et la famille Impériale y donne un bal qu'elle honore de sa présence.

Les églises sont encore une des merveilles de la ville. On ne peut se figurer la richesse qui règne dans ces lieux. On a beau examiner avec l'attention la plus scrupuleuse toutes les parties dont se composent ces monuments : on voit partout l'or et le marbre briller d'un vif éclat. Vos regards ne peuvent se reposer que sur des chefs-d'œuvre que vous n'osez attribuer à la puissance humaine. Chaque chose est pour vous un objet d'un grand prix; et les voûtes élancées sont enrichies de décorations éclatantes de fraîcheur. Les murs sont ornés de drapeaux enlevés à l'ennemi, et les cinq coupoles qui sont assises au faîte des églises sont en cuivre doré.

Nous mentionnerons particulièrement :

1° L'Eglise de l'Annonciation, où ont été

déposés les tombeaux des membres de la famille Impériale.

2° L'Eglise de saint Nicolas, remarquable par ses hautes coupoles, ses lampes d'or et ses images entourées de cadres en or massif.

3° L'Eglise de la Trinité, avec ses riches trophées.

4° La Cathédrale de la Forteresse et la Cathédrale de Casan, où la profusion de l'or, de l'argent et du marbre se mêle à l'éclat des diamants et des pierres précieuses.

Nous citerons, enfin, la Cathédrale de Saint-Isaac, dont les coupoles sont appuyées sur des colonnes de granit. La principale coupole repose sur vingt-quatre colonnes qui se perdent dans les airs. L'extérieur de cette cathédrale est décoré d'une quantité prodigieuse de colonnes de marbre.

Quoique la transition présente un contraste assez singulier, nous allons parler des cafés. On s'y rend en foule, parce qu'il est formellement interdit de fumer dans les rues. Ces lieux de réunion sont garnis de meubles précieux et de riches tapis. On peut y lire des journaux de tous les pays; mais souvent il est impossible de les lire dans toute leur étendue, parce que la censure en a fait disparaître une partie à l'aide du grattoir.

La consommation est très chère dans ces cafés ; et je vais à ce sujet vous raconter ce qui arriva à un capitaine anglais dont il sera question, plus tard, une seconde fois.

J'avais fait, à mon arrivée à Saint-Pétersbourg, la connaissance d'un capitaine qui commandait un brick-goëlette appelé *Le Harp*. Ce capitaine venait très souvent à bord de *l'Eugénie*. C'était un homme d'une trentaine d'années, d'une taille avantageuse et doué d'une force extraordinaire. Il se plaisait beaucoup avec nous, et mangeait à notre bord aussi souvent que dans la cabine du *Harp*. Il était très amusant, très spirituel, et il jouait parfaitement du violon. Un jour, il m'engagea à aller dîner à son bord : j'acceptai son aimable invitation, et lorsque le repas fut achevé, nous entrâmes dans un café. Le capitaine Brown prit dans l'espace d'une heure cinq ou six tasses de café : nous jouâmes au billard pendant un quart d'heure, et le compte fut bientôt demandé. Ce compte s'élevait à la somme de trois roubles argent (douze francs). Aussitôt le capitaine se mit à sourire, et glissa les trois roubles dans les mains du garçon en lui disant qu'il ne lui donnait pas d'étrenne, parce qu'il était un grand voleur. *Because he was a great robber*.

CHAPITRE X.

L'Hôpital.

Peu de jours après notre arrivée à Saint-Pétersbourg, Ivon, José, le mousse et le novice furent obligés de se rendre à l'Hôpital de la Marine. Ces hommes qui naguère étaient vigoureux, actifs, contents, venaient d'être atteints d'une fièvre très intense. Leurs figures étaient pâles et avaient perdu cette expression de gaîté qui est, en général, le partage des vieux marins. La pénible situation dans laquelle ils étaient leur suggérait de sinistres pensées. Par moments, ils faisaient entendre de sourds gémissements, et ils se regardaient les uns les autres d'un air triste et abattu.

— Frère José, disait Ivon avec l'accent d'une douleur réelle, nous ne sommes encore qu'au début de la campagne, et je vois que la fortune nous favorise bien peu. Je m'attends, pour ma part, à d'autres malheurs, à d'autres maladies, à une mauvaise chance. Je me repens d'avoir navigué à bord d'un navire à sort. Je suis agité par de noirs pressentiments ; je n'espère plus revoir ma belle Bretagne, mes bons frères, mes charmantes sœurs et ma vieille mère !

José. — Cependant nous n'avons pas à nous plaindre du mauvais temps. Ensuite, nous avons été bien nourris, le capitaine est un bon garçon, et en somme nous n'avons pas trop bourlingué. Que veux-tu, frère, j'ai foi dans l'avenir ; il me semble que nous ferons une heureuse campagne. Et après tout, quand bien même la barque chavirerait, nous pouvons nous sauver.

Ivon. — C'est vrai, José, l'ouvrage n'est pas très fort sur *l'Eugénie,* mais je songe toujours à cette goëlette qui nous a accostés deux fois dans la mer du Nord. Je n'ai pas perdu de vue le passage du capitaine Arthur et ce naufrage dont nous avons été les témoins. J'avais bien raison de dire qu'il nous arriverait quelque chose de fâcheux. Aujourd'hui nous sommes dans un sale hôpital.

José. — Oh ! quant à l'hôpital, nous en sortirons bientôt ; j'ai confiance en Notre Dame d'Auray.

Ivon. — La belle Clémentine doit espérer mon retour avec beaucoup d'impatience : je l'aime bien cette pauvre fille qui n'a pas voulu s'arrimer (*) avec Jean, le fils de ce riche fermier de Quimperlé. Il me tarde de revoir cette pauvre petite ; elle est si bonne, si gentille. Mais, que dis-je, je ne dois plus revenir en Bretagne ; je suis sûr que je mourrai avant la fin du voyage. Et je l'aime tant !...

José. — Tu es bien bon de te chagriner de la sorte ; le ciel ne nous abandonnera pas. Nous l'avons toujours servi avec zèle, et il n'oubliera pas nos prières ; il saura s'en souvenir.

Ivon. — Il y a deux ans, je donnai un joli perroquet à la belle Clémentine, et ma bonne amie lui apprit à articuler ces mots : « Je veux » qu'Ivon soit le mari de Clémentine. » Aussi, quand j'entrais dans la maisonnette de ma fiancée, j'entendais ces paroles avec bonheur, j'étais heureux alors, je me croyais dans les cieux. Et penser que je ne verrai plus ma maîtresse, que je ne m'amuserai plus avec le perroquet, vois-tu, frère, ça me fend le cœur, je deviens triste, je me sens le plus malheureux des hommes.

José. — Aie confiance en Notre Dame d'Auray, tes vœux seront exaucés, tu débarqueras bientôt sur la côte de France, et le curé du village t'unira à ta chère Clémentine.

(*) Se marier.

Ivon. — La nuit dernière, j'ai rêvé que j'étais dans une chambre bien poñe, bien galipotée. Mon capitaine causait avec une femme que je croyais reconnaître ; et lorsque nous allions sortir, cette femme est morte tout d'un coup. Que le feu Saint-Elme me brûle, si le diable ne nous tracasse pas avant long-temps.

José. — Ce sont des bêtises.

Ivon. — C'est ce que nous verrons plus tard. Oui, je crois qu'un grand malheur nous menace.

José. — Laissons cela de côté.

Ivon. — Nous autres, matelots, nous menons une vie peu attrayante. Si maintenant j'étais malade à Pons-Scorff, Clémentine me soignerait parfaitement, m'encouragerait en me lançant de doux regards et me rendrait la vie. Je n'aurais pas à m'inquiéter du service, je serais maître chez moi, je boirais tranquillement du cidre et je serais très heureux.

José. — Il faut avouer que nous ne savons pas nous rendre la vie douce. Nous travaillons comme des nègres, nous sommes toujours éloignés de nos parents et de nos amis, et on dirait que nous recherchons les dangers. J'ai dit bien des fois que si j'arrivais à bon port, je quitterais ce rude métier. Et quand j'étais de retour, il me tardait de repartir.

Ivon. — Oui, la mer nous attire, et cependant

elle nous fait bien souffrir. Nous passons par de cruelles épreuves, nous maudissons le métier, et nous ne voulons être que marins. Quelle différence entre notre vie et la vie des champs. C'est une chose que je ne puis comprendre.

José. — Je voudrais être à Hennebon, la Bretagne doit être si belle dans cette saison.

Ivon. — Charmant pays! chère Clémentine.

José. — Nous sommes bien ingrats de quitter cette riante Bretagne, pour aller visiter des cosaques, des lascars, des chinois, des nègres, des sauvages, etc., etc.

Ivon. — Si je rentre à Pons-Scorff, je ne veux plus naviguer.

José. — Je veux suivre ton exemple.

Ivon. — Je serai si heureux avec ma jolie Clémentine.

José. — Ça m'a soulagé considérablement de parler de la Bretagne.

Ivon. — Ces souvenirs m'ont rendu plus triste, plus malade.

José. — Du courage, frère.

Ivon. — Nous serons malheureux ; cela est écrit dans le livre du grand maître.

José. — Nous n'avons pas besoin de nous effrayer.

Ivon. — Je pense toujours à ce navire à sort.

José. — Sois donc plus gai.

IVON. — La campagne sera mauvaise.

JOSÉ. — Dormons, frère.

IVON. — Dormons.

CHAPITRE XI.

Aussitôt que nous fûmes arrivés à Saint-Pétersbourg, nous nous empressâmes d'opérer le déchargement du navire. Lorsque nous eûmes déposé dans les magasins du port la cargaison que nous avions à bord, il nous fut permis d'oublier, pour quelques jours, que nous étions attachés au service d'un bâtiment, et dès lors nous songeâmes vivement à nous livrer à d'agréables distractions.

Je fis ma première descente à terre, par un dimanche, et avec mon capitaine. Nous marchions paisiblement sur le quai de la Bourse, quand nous longeâmes le bord d'une goëlette française, sur l'arrière de laquelle on lisait écrit en grosses lettres gothiques :

La Balsamine de Saint-Vaast.

Cette goëlette aux fines allures était commandée par le capitaine Martin. A la vue de ces quelques mots qu'on avait gravés sur les bordages de la cabine, M. Landry s'écria avec l'heureux transport d'une joie bien sincère :

— Je bénis le sort qui me fait trouver dans ces lieux un cher ami que je n'ai pas vu depuis bien long-temps.

Et le capitaine, me faisant signe de le suivre, sauta à bord de la goëlette, et, paraissant à la claire-voie, il demanda si le capitaine de la Balsamine était visible.

— Descendez, s'il vous plaît, lui répondit-on d'une voix pleine et sonore.

Nous pénétrâmes dans la chambre, et pendant que M. Landry embrassait tendrement M. Martin, je faisais les compliments d'usage aux personnes qui étaient dans la chambre. Quand nous entrâmes, la cabine était obscurcie par les nuages épais d'une fumée très agréable qui provenait de quelques cigares. Des bouteilles et des verres avaient été placés sur la table, et on causait ainsi sous la pression d'une atmosphère un peu lourde.

Le capitaine Martin était un homme âgé de trente-cinq ans environ. Ses cheveux étaient noirs et d'une longueur ordinaire. Son large front était traversé de quelques rides, et sa

figure, au teint bruni par le souffle des tempêtes,
était ornée d'une barbe très noire. Ajoutez à cela
de fortes épaules, des poignets d'acier, un corps
d'Hercule, une belle taille, et vous aurez une
légère esquisse de cet homme qui, depuis l'âge
de quatorze ans, n'avait vécu qu'à bord des bâtiments. Quant aux autres personnes qui étaient
sur le navire, leurs manières aisées et leur tenue
élégante accusaient hautement le type de l'aristocratie française.

Nous descendîmes sur le quai, et une fine
gondole vint nous déposer sur la rive gauche de
la Néva, à quelques pas du palais de l'Empereur. Nous donnâmes une trentaine de copecks
au morose *Pérévos,* et nous traversâmes la place
Saint-Isaac pour nous engager dans des rues
d'une rare élégance. Nous promenions depuis
une heure dans le plus beau quartier de la ville,
quand nous nous arrêtâmes devant une maison
d'une belle apparence. Sur l'invitation d'Auguste
et de Raoul de B....., nous montâmes au premier étage, et nous fûmes introduits dans un
salon magnifique où se tenaient deux femmes
d'une grande beauté. A notre arrivée, ces deux
jolies femmes se levèrent en nous saluant, le
sourire sur les lèvres, et en nous faisant des
révérences du grand ton.

Mes bonnes sœurs, dit Auguste de B.....,

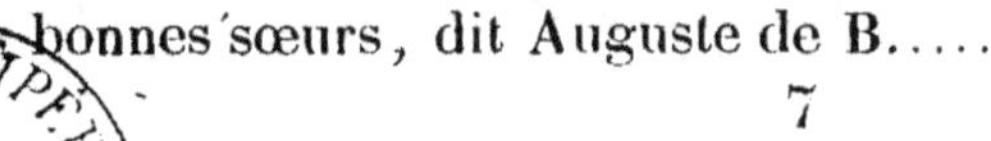

7

j'ai l'honneur de vous présenter des marins français.

— Qu'ils soient les bienvenus, exclamèrent en même temps Caroline et Maria.

Nous inclinâmes nos têtes en signe de remercîment.

On nous fit asseoir sur un long canapé, et nous causâmes de choses insignifiantes. Bientôt après, Auguste de B..... engagea sa sœur Caroline à jouer sur son piano quelques morceaux choisis. A peine Auguste de B..... venait-il de parler, que la charmante Caroline essayait déjà les touches du clavier qui se mouvaient comme par enchantement sous ses doigts effilés. Sa sœur, tout aussi belle qu'elle, faisait approcher de nous une table de marbre qui effleurait légèrement de ses roulettes criardes le parquet sur lequel deux blanches mains la poussaient avec rapidité. Raoul de B....., qui était passé dans une salle adjacente, se montra avec deux bouteilles de vin de Porto. Le vin coulait à grands flots, le salon s'emplissait de colonnes de fumée, et la musique harmonieuse du piano se faisait toujours entendre, quand Maria détacha de la cloison une guitare d'un grand prix. Après l'avoir tournée et retournée entre ses doigts avec dextérité, elle commença à faire vibrer les cordes de l'instrument favori des Espagnols. Alors

Caroline garda le silence, et sa jolie sœur alla
s'asseoir sur un fauteuil à la Louis XV. Voici le
premier couplet de la romance que chantèrent
Caroline et Maria :

> Enfant qui vis le jour
> Au sein de la misère,
> Ton bonheur, c'est l'amour,
> Mais l'amour d'une mère ;
> Ne pleure pas, enfant !

Les derniers mots furent prononcés avec un
tel accent de tendresse, que nous fûmes obligés
de laisser éclater déjà nos sincères félicitations.
Les deux sœurs nous remercièrent par un signe
de tête accompagné d'un sourire des plus gracieux. Elles ne tardèrent pas à entonner le
second couplet qui était ainsi conçu :

> Il faut partir, enfant !
> J'entends les matelots
> Bénissant le bon vent
> Qui caresse les flots :
> Ne pleure pas, enfant !

Nous répondîmes par des applaudissements
frénétiques, par de véritables marques d'une
grande joie, d'une juste satisfaction. Le troisième et dernier couplet fut chanté avec passion,

et la voix marchait de plus en plus à son faîte de grandeur.

> Hélas! dans peu de jours
> Nous reverrons la France
> Objet de nos amours!
> Dès lors, plus de souffrance,
> Ne pleure pas enfant!

Les chants cessèrent, et la conversation fut engagée de nouveau par Maria, qui nous adressa cette question :

— Y a-t-il long-temps, messieurs, que vous avez quitté ce beau pays de France?

— Depuis cinq semaines, répondit M. Landry.

— Il me tarde de revoir mon pays, dit à son tour Caroline : il est bien cruel pour nous de vivre sur un sol étranger. Je tiendrais vivement à voir aujourd'hui ce bruyant Paris avec ses fêtes splendides, ses bals féériques et ses riches théâtres.

— De la patience, aimables sœurs; avant trois mois, nous serons à Paris.

Raoul venait de parler.

Le capitaine Martin, qui voulait aussi prendre part à la conversation, lança cette phrase :

— Il paraît, mes bonnes demoiselles, que la Russie n'a pas beaucoup d'attraits pour vous; cependant vous êtes dans une ville où je ne vois que des palais, dans une ville agréable où abondent les richesses.

— La patrie avant tout !

— Cela est juste, dit le capitaine Martin, et il s'empara d'un verre qu'il vida.

La conversation roula encore pendant quelques minutes sur des sujets divers, et, à cinq heures, nous souhaitâmes une bonne soirée aux demoiselles de B..... En sortant de l'hôtel de Raoul et d'Auguste, nous voulûmes visiter un café qui était géré par un français. Ce français était un gascon tout à fait curieux. Il était amusant, extraordinaire par ses excentricités, et tellement original que par ses gestes et ses grimaces il était capable d'exciter l'hilarité de l'homme le plus morose. Représentez-vous un homme ayant à peine cinq pieds, avec une grosse tête, de petits yeux, une bouche d'une grandeur démesurée, des jambes tordues, et une barbe blonde. Tel était ce gascon. Après nous être assis à une table, nous demandâmes de la bière. Le petit homme nous servit un pot de *piva* avec du *vodi*, en faisant des milliers de grimaces. Il venait de nous débiter des bagatelles sans nombre, lorsque s'adressant au capitaine Martin, il accusa ce dernier de lui avoir caché des billes, et le pria instamment de les lui rendre.

— Vieille carcasse, lui répondit le capitaine Martin, si je te jette dessus les grappins d'abordage, tu seras bientôt coulé à fond.

— Allons, voyons, capitaine, ne faites pas le farceur, et rendez-moi les deux billes que vous avez cachées.

— Vieux marsouin, si tu ne files au large et vent-arrière, défie-toi et veille au grain. Si on t'a capturé tes boulets blancs, avise-toi de courir des bordées pour découvrir le voleur et laisse-moi manœuvrer tranquillement.

— Je vous prie, capitaine, de me rendre les billes, sinon je vais avertir la police.

Le capitaine Martin, en se levant pour lâcher au petit bonhomme une bordée de coups de poings, trouva que la poche droite de son paletot contenait un poids assez lourd. Il porta la main à la poche et y saisit les billes demandées. Il les rendit en souriant, honteux et confus comme un renard qu'une poule aurait pris.

— Maintenant, dit le gascon au capitaine Landry, je vous prierai de me rendre mon porte-feuille qui contient des assignats.

Ces paroles furent suivies des plus laides grimaces.

— Vous plaisantez, bonhomme.

— Non, capitaine : j'exige mon porte-feuille, ou je cours vous dénoncer au commissaire du quartier. Si vous trouvez ce que je demande, je paie deux bouteilles de vin de Bordeaux.

— Cela suffit, dit M. Landry, et, fouillant ses poches, il y toucha le porte-feuille qu'il remit au gascon.

— Enfin, exclama celui-ci, monsieur sera bien assez bon pour me restituer le lorgnon qu'il m'a dérobé. Il s'adressait à Raoul qui lui répliqua :

— Je n'en possède pas.

— Vous vous trompez, monsieur.

— Je suis certain de ce que j'avance.

— Vous plaisantez.

— Je parle sérieusement.

— C'est impossible.

— Pas le moins du monde.

— Vraiment.

— C'est positif.

— Eh bien! je parie deux bouteilles de Madère que vous avez le lorgnon.

— J'accepte le pari.

— Garçon, deux bouteilles de Bordeaux et deux bouteilles de Madère.

— *Da, da,* cria le garçon.

A ces mots, Raoul croisa les bras sur sa poitrine, les posa sur la table, et attendit sans faire le moindre mouvement.

— Ainsi, observa le gascon, le pari est bien engagé.

— Parfaitement.

— Eh bien, monsieur, ayez la bonté d'examiner vos habits.

Raoul s'empressa de visiter ses habits, mais ce fut inutile.

— Il doit y être.

— Je soutiens le contraire.

— Vous n'êtes pas de bonne foi.

— Cherchez vous-même.

— Vous êtes dans une erreur profonde, m'écriai-je en montrant le lorgnon au gascon désolé.

A peine le capitaine Martin venait de trouver les cinq billes, que Raoul, qui avait vu le lorgnon, le prit et me le fit passer adroitement.

Ainsi fut pris le farceur.

— Messieurs, reprit le gascon en appuyant fortement ses deux mains sur la partie supérieure du pot de bière, je parie cinq roubles argent que ce pot est vide.

Nous nous regardâmes avec étonnement.

A cette proposition, le capitaine Martin répondit par ces mots :

— Dis donc, vieux singe, escrime-toi, si cela te convient, à nous amuser à tes dépens; mais, cependant, ne viens pas nous priver de notre ration de bière.

Aussitôt le gascon, renversant le vase, le plaça sur la table, et la bière n'y était plus. Où était-elle passée? c'est ce que nous n'avons jamais su.

CHAPITRE XII.

En sortant du café nous montâmes sur une voiture de place en disant à l'*isvochik* de nous conduire à l'Ile de Pétrovskoï. Nous traversâmes avec rapidité la perspective de Nevskoï, la place de Saint-Isaac, le pont Tsakievskoï, Botchoï P. Oulitza Vaia Lina, et nous arrivâmes bientôt dans l'Ile de Pétrovskoï (na ostrof Pétrovskoï). En entrant dans cette île délicieuse, nous fûmes grandement étonnés de l'aspect animé qu'elle présentait. De nombreux équipages roulaient dans les promenades de cette île, et faisaient circuler dans tous les sens de puissants seigneurs, de nobles châtelaines, des officiers de la garde impériale, et des mylords anglais. Les légères gondoles, ornées de leurs gracieux pavillons, voguaient sur les bords fleuris de cette île. Par moments on entendait les acclamations de la foule qui saluait de ses hourahs sonores et multipliés l'ascension d'un aérostat ou l'adresse d'un jongleur allemand. Dans un coin de cette île, des musiques militaires exécutaient de mélodieuses symphonies, et quatre cents russes chantaient des hymnes nationaux. Ici les *moujiks* dansaient; là étaient dressées des tentes pavoisées, où l'on vendait des liqueurs rafraîchissantes. D'un côté, on voyait de vastes manéges ou les barraques des saltimbanques. De l'autre, la troupe faisait la petite guerre et lançait dans les airs des étoiles étincelantes. Des lanternes vénitiennes se balançaient aux branches des arbres et projetaient leurs faibles rayons sur les visages des curieux. La soirée était belle; le ciel était parsemé d'étoiles blanches, et une brise odoriférante agitait faiblement les dentelles des femmes. La joie était dans tous les cœurs, chacun riait et causait sur le gazon, et toujours il s'échappait de cette île un bruit étrange qui témoignait en faveur de cette fête brillante.

Lorsque nous eûmes exploré les sites pittoresques d'Ostrov-Pétrovskoï, nous nous rendîmes dans un café chantant.

Au fond d'une vaste salle qui était tapissée de grandes glaces, six femmes d'une rare beauté étaient à demi couchées sur des divans

montés sur une estrade qu'on avait élevée.
Leurs têtes étaient couronnées de fleurs. Elles
avaient des cheveux blonds et des yeux velou-
tés ; et la blanche peau de leurs figures s'harmo-
niait à merveille avec la vive fraîcheur de ces
roses qui leur servaient de colliers. Et, sous une
gaze transparente, on voyait se mouvoir fortement des seins aux gracieux contours. Elles
avaient une taille fine et élancée, et leurs pieds
mignons se reposaient sur des coussins en velours cramoisi. Ces charmantes russes tiraient
des sons harmonieux du violon, de la guitare
et de la harpe. On n'entendait dans la salle que
le son des instruments ou la voix divine de ces
femmes qui, par leur beauté autant que par
leurs doux accents, attiraient les regards et
l'attention des personnes qui avaient le bonheur
de se trouver dans ces lieux. Quatre heures
sonnaient à la grosse pendule du comptoir,
quand on lança dans la salle une timide colombe
qui vint s'abattre sur les genoux de la plus
jolie de ces chanteuses. Sa maîtresse lui présenta de sa blanche main un morceau de gâ-
teau. La colombe s'en empara et alla le manger
sur les épaules bien douces de sa bonne maîtresse. Aussitôt les chants cessèrent et les six
femmes disparurent. A cinq heures, nous goû-
tions les douceurs du sommeil.

CHAPITRE XIII.

Le Duel.

A huit heures, le capitaine anglais dont il a été question plus haut entra dans la cabine de *l'Eugénie*. Il semblait être vivement préoccupé. Il s'agissait d'un duel.

— M. Landry, s'écria le capitaine d'une voix hésitante, je vais me battre en duel.

— Vous n'y pensez pas, mon cher Brown, lui répondit M. Landry.

— J'ai été insulté par un capitaine hollandais, et aujourd'hui j'exige une réparation complète.

— Il faut arranger cette affaire.

— Impossible.

— C'est ce que nous verrons.

— Je tiens à prouver à mon adversaire que les anglais sont des hommes courageux.

— Calmez-vous, mon cher Brown, le duel n'aura pas lieu.

— Je me charge de lui brûler la cervelle, s'il n'accepte pas l'invitation que je vais lui faire.

— Soyons plus modérés, je vous en prie.

— Mon cher Landry, je compte sur vous dans cette circonstance.

— Vous pouvez y compter, et, en attendant, nous allons avaler un verre de rhum : puis vous aurez la bonté de me donner quelques renseignements relativement à cette affaire.

— Quand vous voudrez.

L'anglais nous raconta ce qui suit :

— Je naviguais dans ma chaloupe, devant le palais de l'Empereur, lorsque le capitaine d'une galiote hollandaise passa le long du bord, et commanda à un matelot de faire une fausse embardée, afin de me jeter l'eau au visage. Je me récrie contre la maladresse du matelot, et j'ordonne à mes marins de nager fortement pour devancer le hollandais. Celui-ci, furieux, gouverne sur nous et nous adresse des menaces. Je vire de bord, et je mets le cap sur la chaloupe de la galiote. Les deux embarcations s'abordent, et il s'engage une lutte qui tourne à mon avantage. A cette vue, le capitaine, irrité, me traite de soldat (*), de mauvais marin, et s'en

(*) Quand on veut blesser fortement l'amour-propre d'un marin, on n'a qu'à le traiter de soldat.

va en me disant qu'il me crachera au visage chaque fois qu'il me rencontrera. Ce matin, j'étais sur la place de la Bourse, lorsque le hollandais vient à passer et me coudoie fortement. Outré de son insolence, je l'ai regardé avec dédain, tout en lui promettant de lui donner de mes nouvelles dans le courant de la journée. A cela il a objecté que j'étais trop lâche pour croiser le fer avec lui.

Maintenant je veux prouver à cet homme que les anglais ne sont pas lâches : il est inutile que que vous cherchiez à me détourner de la résolution que j'ai prise, parce que rien au monde ne me fera changer d'idée. Ainsi je vous prie de me prêter votre concours dans cette circonstance, je vous en serai très reconnaissant.

— Vous voulez donc vous battre?

— C'est une chose arrêtée.

— Je consens à vous servir de témoin.

— Je vous remercie, capitaine.

— Quelle arme voulez-vous choisir ?

— L'arme de mon adversaire sera la mienne : je lui laisse le choix.

— Vous êtes bien généreux.

— Je me charge de lui.

— A quelle heure aura lieu le combat?

— Vers le soir.

— Il faut avertir le capitaine hollandais.

— Je vais lui écrire.

— Réfléchissez bien avant de vous engager dans cette affaire qui pourra vous être funeste.

— Je resterai inébranlable dans ma résolution.

Le capitaine Brown prit la plume et écrivit la lettre suivante au capitaine hollandais :

« CAPITAINE,

» Vous vous êtes conduit à mon égard d'une
» manière peu digne d'un hollandais bien élevé.
» Je viens vous apprendre que je demande une
» réparation formelle. J'ose espérer que votre
» courage ne faillira pas dans cette circonstance,
» et que vous ne serez pas assez lâche pour
» refuser la partie d'honneur que je vous offre.
» Pour que cette affaire se vide au plus tôt, je
» vous laisse le choix des armes. Ayez la bonté
» de me faire connaître le plus promptement
» possible l'heure à laquelle il vous sera permis
» de vous rendre à mon invitation.

» J'ai l'honneur de vous saluer,

» BROWN,
» Capitaine du *Harp.* »

L'anglais me remit la lettre et me pria d'aller la porter à bord de la galiote. Je m'y rendis et je la livrai au capitaine, en le priant d'en prendre connaissance. Le hollandais m'appela dans sa cabine et écrivit la réponse. Je revins à bord de *l'Eugénie*, et je donnai au capitaine Brown la lettre qui m'avait été confiée ; elle était faite ainsi :

« CAPITAINE,

» Je m'empresse de vous répondre pour vous
» annoncer que j'accepte avec un grand plaisir
» le duel que vous me présentez. Puisque vous
» êtes assez complaisant pour m'offrir le choix
» des armes, je me charge de vous montrer ce
» que vaut le bras d'un hollandais. L'arme que
» je choisis est le fleuret ; je le manie assez bien,
» comme la suite vous le démontrera. A trois
» heures, je serai avec mes témoins à l'Ile de
» Volnoï. Tâchez d'être exact à l'heure du ren-
» dez-vous ; et je vous recommande de vous
» armer de courage.
» Je vous souhaite le bonjour et une heureuse
» chance.
» D. BARROVS,
» Capitaine de la galiote *Maria*. »

Lorsque la lecture de cette lettre fut faite, M. Landry dit à l'anglais :

— Vous allez vous battre contre un homme dangereux.

— Il sait faire l'insolent.

— Connaissez-vous le fleuret?

— Très bien, mon cher ami.

— Avant de marcher, voulez-vous faire des armes.

— Je veux bien.

— Vous allez en faire avec M. Léon.

— Vous connaissez les armes, me demanda l'anglais avec étonnement?

— Médiocrement, lui répondis-je.

Je pris deux fleurets et je les présentai au capitaine Brown. Nous ferraillâmes pendant quelques minutes, et nous nous plaçâmes à table.

— Mangez bien, *my dear friend,* dit M. Landry à l'anglais : c'est le dernier repas que vous faites à bord.

— Je ne crains rien.

— J'ai un pressentiment que vous courez à la mort.

Le capitaine répondit en riant :

— Avez-vous fait votre testament?

— Je vous lègue toute ma fortune.

— Oh! alors, je paie le café.

A deux heures, nous nous embarquâmes dans la chaloupe, emportant avec nous deux paires de fleurets. Nous arborâmes le pavillon anglais sur l'arrière de l'embarcation, et nous gouvernâmes sur l'Ile de Volnoï. Nous y arrivâmes à trois heures précises, et nous y trouvâmes trois capitaines hollandais. Ces messieurs accoururent au devant de nous et nous demandèrent si nous étions prêts. Sur notre réponse affirmative, ils allèrent chercher les fleurets qu'ils avaient apportés et prièrent le capitaine Brown de choisir une de ces armes. L'anglais se saisit du premier fleuret qui tomba sous sa main ; et, à notre tour, nous engageâmes l'adversaire à fixer son choix sur ceux que nous avions avec nous. Bientôt les deux champions furent en garde et croisèrent le fer. Le pauvre Brown reçut un coup d'épée à l'épaule droite et poussa une exclamation douloureuse qui provoqua chez les Hollandais une franche gaîté. On voulut faire cesser le combat, mais l'anglais refusa de quitter le terrain. Les deux capitaines croisèrent le fer de nouveau, et la lutte recommença vive et acharnée. Brown (William) battit de son épée celle de l'adversaire, dégagea adroitement, et, prenant la position de tierce, il frappa au flanc droit le capitaine Barrovs. Celui-ci tomba dans les bras de ses amis en vomissant contre l'anglais des milliers d'imprécations. La blessure du capitaine Barrovs pouvait être dangereuse. Quant à William, il n'avait été blessé que légèrement. Tel fut le triste dénoûment de ce

duel. Lorsque le combat eut cessé, nous rentrâmes au port.

CHAPITRE XIV.

La Galerie de l'Ermitage.

Nous allons consacrer ces quelques lignes à la description rapide de la Galerie de l'Ermitage. Certes, nous avons vu à Saint-Pétersbourg beaucoup de choses curieuses ; cependant, cette galerie a été pour nous quelque chose de grand, de sublime. C'est dans cette galerie qu'on peut admirer les chefs-d'œuvre des écoles italienne, russe, française, belge et hollandaise, espagnole et allemande. C'est là que brillent ces tableaux magnifiques qui attesteront aux siècles futurs la puissance du génie de ces hommes qui créèrent cet art admirable et moururent avec lui.

Dans une riche et vaste enceinte nous avons contemplé avec bonheur les frais paysages et les belles marines de Joseph Vernet, Claude Lorrain, Berghen Potter, Rubens, Lebrun, Salvator Rosa, Jules Romain, Paul Véronèse, etc., etc.

Quand on est en présence de ces superbes tableaux, on examine avec un intérêt de plus en plus marqué ces toiles qui sont fières de la pureté des traits et de leurs vives couleurs. Si on est tenté de faire l'analyse de ces toiles, chaque partie est un chef-d'œuvre; et lorsque le tableau est embrassé dans son ensemble, on voit la réunion de plusieurs chefs-d'œuvre.

Les portraits qui sont dus à la main habile de Léonard de Vinci se distinguent par la richesse du coloris, la vigueur du pinceau et la délicatesse des lignes. Il y a de la vie dans ces portraits de grand peintre.

L'enlèvement de Ganimède, par Michel-Ange, est une toile d'une beauté au dessus de tout éloge. La situation a été parfaitement saisie, les couleurs sont brillantes, et les traits y sont tracés avec une finesse excessive.

Les tableaux mythologiques de Rubens sont de précieuses créations qui feront éternellement la gloire du pays qui a donné le jour à ce grand homme.

Les deux Wouvermans sont représentés dans cette galerie immense par de grands tableaux consacrés à la peinture de diverses batailles. A la vue de ces riches descriptions, on est frappé d'étonnement; on croit assister à des scènes vivantes. On dirait qu'on entend les cris des blessés, les hennissements des chevaux, la voix des généraux et les plaintes des mourants.

L'école espagnole étale aux yeux des admirateurs les toiles savantes de Martinos, Velasquez, Ribera, Moralès et Murillo.

Le Repos en Egypte, de Murillo, est un tableau d'une rare valeur. *Jésus-Christ sur la montagne des Oliviers* est une peinture d'Albert Durer, aussi remarquable par l'énergie du pinceau que par l'éclat éblouissant des couleurs.

Nous citerons aussi les fines toiles de Van-Loo, de Nice, Rembrendt, Van Dyck, Le Titien, Mignard, Ivanoff, Vorobieff, Venetrianoff, Boucher, Ruisdal, etc., etc.

Les ouvrages de ces grands peintres excitent puissamment l'attention de tous les hommes qui sont amis de la peinture, de cette peinture qui se présente sous les formes les plus séduisantes.

CHAPITRE XV.

Les vins que nous avions à bord avaient été
achetés par un seigneur russe appelé Dmitri
de Pol.......

C'était un jeune homme d'une taille moyenne,
ayant des cheveux blonds, un front assez large,
des sourcils bien prononcés, des yeux bleus, un
nez très régulier, une bouche petite, des dents
blanches et le menton parfaitement dessiné. Il
avait une démarche fière, un regard brûlant, la
parole facile. Dans la conversation, ce jeune
seigneur était aimable, vif, spirituel, amusant.
Il était possesseur de quatre millions de roubles.
Il parlait français avec une extrême facilité.
Nous venions de mouiller dans le port de Saint-
Pétersbourg, lorsque nous reçûmes la visite de
ce riche seigneur. Nous le comblâmes de mille

politesses, et nous nous montrâmes si prévenants à son égard, qu'il s'attacha fortement aux marins de *l'Eugénie*. Chaque jour, il venait à notre bord et il nous servait de Cicerone dans les diverses excursions que nous faisions dans l'intérieur de la capitale. Plus tard, ses équipages furent à notre disposition, et il nous donna maintes fois des preuves évidentes d'une cordialité toute fraternelle. Il vivait seul à Saint-Pétersbourg : sa famille voyageait en Italie et son frère était en Sibérie. Nous allons raconter les motifs qui provoquèrent l'exil de ce dernier.

Le 1er décembre 1825, l'empereur Alexandre mourut sans laisser d'enfants. En vertu d'un ukase émanant de Paul Ier, Constantin, frère d'Alexandre, fut appelé au trône de Russie. Mais Constantin avait abdiqué ses droits, et l'acte qui en faisait foi avait été déposé dans les archives du Conseil de l'Empire. Alexandre avait ordonné qu'après sa mort on proclamât empereur le grand-prince Nicolas. L'ordre d'Alexandre était dans un paquet soigneusement fermé qui ne devait être ouvert qu'après sa mort. Le grand-duc Constantin était à Varsovie quand Alexandre rendit le dernier soupir. Néanmoins Nicolas fit proclamer empereur son frère Constantin. A l'arrivée de celui-ci, le paquet d'Alexandre fut ouvert, et Constantin renonça à la couronne au bénéfice de Nicolas, qui fut reconnu par les autorités constituées.

Lorsque l'armée dut prêter serment, certains régiments se révoltèrent contre le nouvel empereur. Des généraux furent même massacrés par les rebelles, qui s'assemblèrent sur la place Saint-Isaac et proclamèrent le grand-duc Constantin. En présence du mouvement des insurgés, Nicolas fit marcher contre ses ennemis les troupes qui lui avaient prêté serment, et le canon chassa de la place cette foule irritée. Un frère de Dmitri de Pol. . . . . . . servait en qualité d'officier dans l'un des régiments qui furent hostiles à Nicolas. Lorsque la révolte fut comprimée, il fut condamné à l'exil.

Depuis peu de temps nous avions fait la connaissance du *dobra barin Dmitri de Pol*. . . . . . . , lorsque ce dernier reçut de son frère la lettre suivante :

« Mon très cher Frère,

» Depuis quatre ans, je mène sur cette terre
» d'exil une vie douloureuse. Jusqu'à ce jour,
» j'ai enduré de terribles souffrances, de cruelles
» maladies. Je suis très faible, et mon caractère
» s'est irrité considérablement. Vous me dites
» d'espérer en me montrant la fin prochaine de

» mon exil. Hélas ! je ne crois pas que la clé-
» mence de l'empereur s'étendra jusqu'à moi.

» J'aurai la douleur de finir mes jours loin de
» ma patrie, de mes parents, de mes amis. Ici,
» les heures me paraissent des jours, les jours
» des mois, et les mois des années. S'il est pos-
» sible d'obtenir ma grâce, je vous prie avec
» instances de faire agir sérieusement auprès de
» l'empereur, qui, peut-être, sera assez bon
» pour m'accorder un regard de pitié. Je serais
» encore heureux de mourir à Saint-Pétersbourg.

» Adieu, Dmitri, reçois les tendres embras-
» sements du pauvre exilé, et donne-moi au
» plus tôt des nouvelles de ma chère famille.

» VASSILI DE POL. . . . . . . »

Le 20 juin, deux jeunes *moujiks* descendaient
sur le pont de *l'Eugénie*, et chacun d'eux donnait
l'un de ses bras pour appui au seigneur Dmitri
de Pol. . . . . . Sur un signe de leur maître, les
serfs se retirèrent.

— Votre capitaine est-il à bord, demanda
Dmitri de Pol. . . . . . au maître d'équipage ?

Sur la réponse affirmative de ce dernier, le
seigneur descendit dans la cabine. Je m'embar-
quai aussitôt dans la chaloupe avec deux matelots
qui allaient chercher le dîner du bord. La curiosité me poussa à me rendre à la cuisine de la

marine. C'était une salle immense où près de quatre cents marins anglais, français, autrichiens, hollandais, etc., préparaient les rations des équipages. Quand j'entrai dans la cuisine, je remarquai qu'un matelot français était aux prises avec un anglais. Tous les deux étaient d'une taille élevée. Lorsque les deux champions eurent lutté pendant long-temps, le marin français fit mordre la poussière à l'*english sailor*. Les anglais se jetèrent sur le matelot normand et le traitèrent fort mal. Ses compatriotes prirent part à la lutte, et il s'engagea un combat dangereux. Après dix minutes d'une action chaleureuse, vingt-cinq ou trente matelots roulèrent dans la poussière. Il n'y avait que cinq français de blessés. Les gabeloux (douaniers) mirent fin à ce combat, qui aurait pu entraîner de fâcheuses conséquences. Je m'empressai de regagner le bord, où je fus accueilli par ces mots du capitaine :

— Vous arrivez bien tard.

J'expliquai la cause de ce retard imprévu.

— Mes hommes se sont-ils bien conduits ?

— Ils se sont battus avec acharnement.

— C'est très bien, faites-leur donner double ration.

— J'y cours, mon capitaine.

On s'approcha de la table, et, à la fin du

repas, le seigneur qui était assez gai nous donna
lecture de cette lettre-ci :

« MON CHER FILS,

» J'éprouve un grand plaisir quand je prends
» la plume pour t'écrire. Je te dirai que ta bonne
» mère ne cesse de penser à toi. A chaque ins-
» tant elle prononce ton nom et celui de Vas-
» sili.... Pour elle, c'est une consolation, un
» léger remède à la cruelle mais nécessaire
» absence à laquelle elle a été forcée de se
» soumettre. Sa santé semble s'être améliorée :
» les courses nombreuses que nous faisons dans
» les lagunes de Venise lui procurent d'agréables
» distractions. Son médecin lui fait espérer que
» dans un mois elle sera dans un état satisfai-
» sant qui lui permettra de rentrer prochaine-
» ment à Saint-Pétersbourg.
» Tu avais connu dans ton enfance le seigneur
» de Kobileskoï ; il te comblait continuellement
» des plus vives caresses, de ces caresses dont
» tu fus privé pour toujours le 1er mai 1840.
» Tu dois te rappeler également que ce jour-là
» des soldats inhumains envahissaient son palais
» et voulaient se saisir de sa personne. Averti à
» temps, il put se soustraire à leur poursuite,
» et il gagna furtivement la ville de Cronstadt,

» où il s'embarqua à bord d'un navire qui faisait
» voile pour l'Italie. Quand il eut posé le pied
» sur le sol étranger, il m'écrivit pour m'ap-
» prendre son évasion. Il était alors à Florence.
» Aussitôt que j'eus débarqué à Venise, je fis
» des recherches pour découvrir sa retraite ; mes
» démarches furent inutiles dans le principe. Je
» me rendis à Florence, où j'appris que le sei-
» gneur Kobileskoï habitait la jolie ville de
» Turin. J'y courus, et on me dit que mon ami
» vivait éloigné de la société, qu'il affichait une
» misanthropie ridicule. Enfin, je parvins à con-
» naître l'hôtel où il logeait. Je m'informai de
» l'heure à laquelle il avait l'habitude d'aller
» promener, et j'attendis avec impatience. Je
» montai dans ma voiture, en commandant à
» l'*isvochik* de se rendre dans l'une de ces rian-
» tes avenues qui s'étendent à l'entrée de la
» ville. Arrivé à l'extrémité de l'une de ces
» avenues, j'ordonnai au cocher de s'arrêter. Je
» m'assis sur un banc de pierre, et je fus retiré
» bientôt de la méditation dans laquelle j'étais
» plongé, par la présence de deux hommes qui
» s'avançaient à pas précipités. Je suivis attenti-
» vement la direction dans laquelle couraient ces
» deux inconnus, et je m'élançai dans un taillis
» épais. Après un quart d'heure passé dans une
» marche pénible, je me vis à quelques pas des

» personnes dont j'épiais les mouvements. Je
» me cachai avec un grand soin, et j'entendis
» clairement le dialogue suivant :

» — Seigneur Kobileskoï, je suis chargé de
» t'arracher la vie!

» A ces mots, Kobileskoï fit un pas en arrière
» et répondit par ce mot qu'il prononça très
» lentement :

» — Misérable!

» — Tu vas épouser Agrippa de L....., ou je
» vais échanger quelques balles avec toi.

» — Je ne consentirai jamais à donner mon
» nom à une femme qui a toujours vécu dans
» de sales orgies.

» — Nous nous battrons.

» — Tu ne m'inspires pas la frayeur.

» — Tu n'es qu'un lâche!

» A ces mots, le seigneur Kobileskoï tomba
» dans un accès de fureur, et, tirant un poi-
» gnard malais, il se disposait à le plonger
» dans le sein de son adversaire, lorsque celui-
» ci se saisit de son bras, le pressa comme dans
» un étau, et le réduisit à l'impuissance.

» — Je me battrai, répliqua le seigneur en
» promenant autour de lui des regards mena-
» çants.

» L'émissaire russe poussa un cri aigu, et il
» se présenta un homme qui tenait dans ses

» mains une boîte contenant des pistolets an-
» glais. Le fidèle agent de la famille de L......
» les présenta au seigneur, en lui disant avec
» un sourire sardonique :

» — Examine-les, assassin, puis tu les char-
» geras : je m'en rapporte à ta perfide loyauté.

» A ce mot d'assassin, Kobileskoï lança sur
» l'émissaire un regard d'indignation, et il garda
» le silence. Il prit un pistolet, fit jouer la dé-
» tente avec dextérité, et le chargea. Quand
» son adversaire eut chargé le sien, cet homme
» plein d'audace et de résolution apostropha le
» seigneur par ces rudes paroles :

» — Assassin que la lâcheté a toujours carac-
» térisé, dans quelques minutes, la terre sera
» délivrée d'une vile créature.

» Le seigneur sourit de pitié et haussa les
» épaules.

» — Quelles sont les conditions du combat?
» reprit l'émissaire en conservant une attitude
» menaçante.

» — Vingt pas vont nous séparer l'un de
» l'autre : nous ferons feu en même temps.

» — Cela suffit.

» — Si je succombe, tu sais ce que tu as à
» faire, dit le vengeur à son domestique, dont
» la figure ne trahissait aucune émotion en pré-
» sence de cette scène terrible.

» — *Da, da,* répondit le flegmatique Rou-
» baski.

» Les combattants prirent leurs places, et les
» ressorts des pistolets venaient de crier lorsque
» le premier signal fut donné par Roubaski. Au
» moment où celui-ci allait frapper pour la troi-
» sième fois, je sortis de l'endroit où j'étais en
» observation. *Arrêtez,* m'écriai-je hautement.
» Ils laissèrent tomber leurs armes, et Kobiles-
» koï se jeta dans mes bras. Il se dégagea
» bientôt de mes étreintes, appuya le canon du
» pistolet sur son front, et lâcha la détente.
» Le coup partit, et Kobileskoï tomba baigné
» dans son sang. Au bruit de cette détonation,
» un cri de joie vint expirer sur les lèvres de
» Roubaski et de son maître. Je n'ai pas besoin
» de te dire le reste.

» Adieu, Dmitri.

» DE POL....... »

Sur le dos de cette lettre était apposé le timbre
de Venise. Le jeune seigneur la plia et la remit
dans son magnifique porte-feuille en prenant
une physionomie un peu sombre.

CHAPITRE XVI.

La Promenade. — Portrait du capitaine Landry. — Armée Russe.

Nous nous efforçâmes de rendre le seigneur à cette gaîté qui le caractérisait particulièrement. Nous parvînmes à en faire un homme joyeux, souriant, aimable.

Ce fut alors que le capitaine Landry me donna l'ordre de faire hâler le long du bord la chaloupe qui pendait aux chandeliers. Je fis exécuter cet ordre, et je rentrai dans la cabine.

— Allez dire à l'équipage d'endosser la grande tenue.

La volonté du capitaine fut communiquée aux marins de *l'Eugénie*.

— Allons, parons-nous lestement, dit le maître d'équipage.

Tous se mirent en devoir de faire leur toilette, et je retournai auprès du capitaine et du second qui fumaient du tabac dans des pipes anglaises au tuyau long, légèrement recourbé et couvert d'un vernis à la partie que l'on introduit dans la bouche. Je remontai sur le pont, et je vis six matelots dans la chaloupe; ils tourmentaient l'eau de leurs larges avirons.

— Tout est paré, capitaine, m'écriai-je en montrant la tête au dessus de la claire-voie. Nous nous embarquâmes aussitôt, et la chaloupe fila.

Avant d'aller plus loin, je vais dire un mot de M. Landry. Le capitaine de *l'Eugénie* était un beau jeune homme de vingt-sept ans. La taille de ce capitaine était une taille ordinaire. Ses cheveux blonds ombrageaient un front large, découvert, et d'une grande blancheur, ce qui formait un contraste assez frappant avec le teint bruni de sa figure. Ses yeux bleus semblaient lancer des éclairs, et ses dents ne le cédaient point aux belles dents des créoles. Une barbe rousse couvrait son menton, et sa physionomie était empreinte d'un caractère de douceur et d'affabilité. Ses larges épaules couronnaient à merveille une poitrine avancée. La souplesse, l'agilité qui lui étaient propres donnaient à sa démarche cet air dégagé qu'ont les marins de dix-huit à trente ans. M. Landry était un homme très actif, laborieux, intrépide, un vrai marin. Il avait donné des preuves de son courage et de son talent à bord des bâtiments de guerre, et toujours ses supérieurs l'avaient signalé comme un marin courageux, dévoué et intelligent. Le capitaine de *l'Eugénie* avait subi avec beaucoup de distinction les examens de capitaine au long cours. Calme dans les revers, impassible dans la tempête, prudent dans le danger, M. Landry étonnait par son sang-froid et son habileté. Avec de tels capitaines, un bon navire peut lutter hardiment contre les flots et les vents courroucés. Voilà le portrait du capitaine Landry.

Nous étions devant le palais de l'Empereur, lorsque le capitaine, qui était un excellent musicien, prit son violon et exécuta quelques morceaux qui nous récréèrent beaucoup. Il faisait une de ces soirées que l'on ne peut trouver que sous le beau ciel de Saint-Pétersbourg. De nombreuses étoiles brillaient à la voûte céleste, et un large bandeau, aux vives couleurs, se montrait à l'horizon et donnait aux objets une teinte dorée. Et au dessus de ce bandeau se mouvaient lentement des nuages brillants. Les navires se tenaient immobiles sur les eaux de la Néva, et les équipages se délassaient dans le sommeil des fatigues de la journée. Il régnait dans le port un silence profond qui était interrompu, à de rares intervalles, par les aboiements des chiens de bord. L'air était pur, et sur le fond

azuré du firmament se détachaient les riches
coupoles des églises. Quelques *pérévos*, étendus
nonchalamment dans leurs *yalechts*, se laissaient
aller au paisible courant des eaux, après avoir
retiré leurs avirons. Les marins russes, qui
étaient de quart sur les gabarres, envoyaient à
nos oreilles les sons qu'ils tiraient d'un instrument particulier à la Russie. De temps en temps
nous entendions les cris perçants des capitaines
qui appelaient du bord. De rares drosckis reve-
naient des îles et allaient déposer dans leurs
fraîches habitations des femmes russes au teint
de rose. Et les bons habitants de Saint-Pétersbourg se tenaient aux fenêtres pour y respirer
les douces émanations de l'air ou pour y jouir
de l'odeur agréable du *snouk*. Il y avait quelque
chose de grand dans ce silence du soir. Minuit
sonnait à la grosse cloche de la Forteresse,
lorsque nous arrivâmes au pont Troitskoï. Il est
beau de voir Saint-Pétersbourg, par une soirée
du mois de juillet, lorsque cette ville est plongée
durant deux heures dans des vapeurs transpa-
rentes. On se croit transporté dans un Eldorado :
on doute d'abord de la réalité, on ne peut croire
à la puissance de l'effet, à la richesse du tableau.
A vos pieds sont assis des palais et des hôtels ;
vous avez beau vous tourner dans tous les sens,
vous ne voyez que de l'or, du marbre et du

granit. Nous montâmes sur le pont Troitskoï, et nous pûmes jouir d'un spectacle ravissant. Devant nous se montraient la Bourse avec ses deux colonnes rostrales, l'Académie des Beaux-Arts avec ses deux sphynx colossaux, l'Académie des Sciences, le Palais du Sénat, la statue de Pierre-le-Grand, et le magnifique pont de bâteaux qui joint la place Saint-Isaac à Ostrov Vasilievskoï. A notre droite était placée la Forteresse, dont l'aiguille élancée se perdait dans les nues. Sur notre gauche s'élevaient majestueusement sur la rive de la Néva le Palais d'Hiver, l'Amirauté entourée d'un grillage formé avec des ancres dorées, et l'Ermitage avec ses fenêtres encadrées de cuivre doré. A quelques brasses devant nous le fleuve se divisait en deux bras. On eût dit que ses ondes étaient des ondes argentées. Nous remontâmes le cours de la Néva, et lorsque le jour commençait à paraître, nous étions dans le jardin Koucheleff Bezborodko. Après avoir parcouru les principales allées de cet immense jardin, nous entrâmes dans un grand pavillon qui avait été dressé avec beaucoup de soins, pavillon gracieux autour duquel serpentaient mille fleurs diverses qui se distinguaient par leur fraîcheur et par l'odeur délicieuse qu'elles exhalaient. Là, le seigneur Dmitri de Pol....... nous parla de l'organisation de l'armée.

Les soldats sont choisis parmi les ouvriers et les serfs qui cultivent les terres des seigneurs. Les négociants, qui n'ont pas acheté leur exemption de service, sont obligés de servir dans un régiment. Les militaires de la garde impériale sont soumis à un service de vingt années; les autres servent deux ans de plus. On comprendra facilement que la Russie possède une bonne armée capable de faire la guerre contre toute autre puissance. La discipline est très sévère, et les troupes sont menées avec une dureté révoltante. Quand un *moujik* a été désigné pour se rendre dans un corps, on se plaît à le charger de fers jusqu'à ce qu'il soit arrivé au régiment.

La marine russe est assez puissante, et la durée de service à bord des bâtiments de guerre est la même que dans l'armée de terre.

CHAPITRE XVII.

Le père Courtois et sa Fille. — Les Ouvriers Russes. —
Le Château de Péterhoff.

C'était un dimanche. Les matelots, le capitaine et son second étaient à terre, et je restai seul à bord. Pour me distraire, je pris la lunette et un feuilleton de Fenimore Cooper, et je grimpai à la hune. Depuis deux ou trois heures je suivais avec intérêt l'intrigue du feuilleton, lorsque je vis une légère gondole emportée rapidement par la force des rames de quatre français. Ces compatriotes apercevant un navire de leur nation virèrent de bord et accostèrent *l'Eugénie.* Ils sautèrent sur le pont et nous nous serrâmes la main comme de bons amis. J'engageai ces messieurs à descendre dans la cabine, et je leur fis un accueil des plus gracieux. Lorsque ces Français eurent passé quelque temps avec moi, ils me quittèrent en me laissant leurs adresses. Je jetai un coup d'œil sur ces cartes : la première était celle d'un professeur de musique ; la deuxième indiquait le domicile d'un maître mécanicien, et la troisième était la carte de deux négociants. Le lendemain, je m'habillai à la hâte, et prenant au hasard une des cartes qui m'avaient été données, je descendis à terre. Après avoir doublé les bâtiments de la douane, je montai sur un *droscki*. Le *droscki* est un siége assez long fixé entre quatre roues et ayant, à peu près, une hauteur de 1 mètre 30 centimètres. Le *droscki* est découvert et traîné par deux chevaux qui galopent à la file l'un de l'autre. On peut prendre une foule de positions sur cet équipage qui ne manque pas de coquetterie. Quant au costume du cocher ou de l'*isvochik*, il consiste en une robe très longue et serrée au dessus des hanches par une ceinture rouge. De larges pantalons en velours s'enfoncent dans des bottes à la hongroise. Les cochers russes peuvent passer avec raison pour les plus habiles cochers du monde. La dextérité et la facilité avec laquelle ils conduisent leurs chevaux fringants vous étonnent d'une manière frappante.

Je présentai la carte à l'*isvochik*, qui me répondit : *Eta Carasho*. Le *droscki* s'arrêta dans Oulitza Novoï Péréoulok, et je donnai quarante copecks au cocher qui partit en me saluant. J'entrai dans une vaste cour, et je vis au dessus d'une porte une enseigne sur laquelle on lisait :

COURTOIS,
MAÎTRE MÉCANICIEN, VENANT DE PARIS.

Au centre de la porte était suspendue une énorme main tenant une grosse boule en bronze. Je la soulevai avec précaution, et je la laissai tomber de tout son poids. On vint ouvrir ; c'était M. Courtois lui-même qui me fit entrer dans une salle richement meublée. M. Courtois était un homme d'une haute taille. La nature lui avait fait don d'une tête aux cheveux crépus. Son front était large, et ses petits yeux annonçaient une volonté bien ferme. Sa figure avait été légèrement creusée par la petite vérole. En voyant M. Courtois pour la première fois, on l'eût pris pour un homme très peu sociable, et cependant on se serait trompé fortement, car il avait des manières qui accusaient de l'urbanité, de l'éducation même. Il était très spirituel, très intelligent, et il causait avec beaucoup de facilité. Sa voix était charmante, le piano ne lui était pas inconnu, et il maniait adroitement le sabre et le fleuret. Il était amateur de la peinture, et il excellait dans cet art. A peine fûmes-nous entrés dans le salon, que M. Courtois sonna son domestique, et l'envoya chercher du *snaps* et du *piva*. Mlle Dorothée, sœur de M. Courtois, nous servit bientôt de la bière et de l'eau-de-vie de pommes de terre. Nous dégustions le snaps, lorsque la fille de M. Courtois se présenta avec beaucoup d'élégance. C'était une jeune femme de seize ans et d'une beauté toute particulière. De longs cheveux noirs bouclés avec goût ornaient sa jolie petite tête. Son front était d'une blancheur rare, et des yeux bleus brillaient comme deux perles sur sa figure à la peau veloutée. Sa taille élancée eût contenu dans le bracelet de plusieurs femmes, et cependant ses épaules étaient bien développées. J'ajouterai que ses mains étaient très blanches et que son regard était doux et séduisant. Mlle Esther Courtois possédait une bibliothèque composée des prix qu'elle avait obtenus dans quelques pensions de Paris. Elle parlait russe comme la femme d'un *barin*. Aussi, M. Courtois était fier de sa fille; il l'adorait, et certes elle était adorable. Nous venions d'avaler un verre de *piva,* quand nous entrâmes dans l'atelier, dans une salle très spacieuse où travaillaient une cinquantaine d'ouvriers. A notre entrée dans l'atelier, les Russes découvrirent leurs têtes et suspendirent leurs travaux. Sur l'ordre de leur maître, ils se remirent à l'œuvre.

— Voyez-vous, me dit M. Courtois, cet ouvrier qui travaille seul au fond de l'atelier?

Je regardai dans la direction indiquée, et je vis un ouvrier qui fredonnait une chanson dont je ne pus saisir que ces mots :

> *Niet rabot, soldat Rouski.....*
> *Tchatiri boutelkas... kwas....*
> *Dobra kwas......*

Cet ouvrier, reprit le père Courtois, a reçu la bastonnade ce matin.

— Quelle faute avait-il commise?

— On a puni sa paresse. Lorsque je ne suis pas content d'un ouvrier, je l'envoie chez le commissaire de police avec un bon pour un certain nombre de coups de bâton que je suis obligé de payer. La somme que je dois donner est proportionnée au nombre des coups.

— C'est assez curieux, lui répondis-je.

Après avoir écouté pendant quelques minutes le grincement de la lime polissant le fer et l'acier, le marteau résonnant lourdement sur l'enclume, le bruit sourd des soufflets et les diverses conversations des ouvriers, nous rentrâmes dans le salon où Mlle Courtois eut la bonté de me donner sur la ville de Saint-Pétersbourg certains détails que je m'empressai de consigner dans mon album. Je regrette vivement de ne pouvoir les donner avec autant d'intérêt que la belle Esther.

En hiver, la Néva et les rues de la capitale sont couvertes de glace. Dès lors, plus de *drosckis,* plus de rapides gondoles. On voit reparaître les riches fourrures, les traîneaux et les montagnes de glace. A ces beaux jours du printemps et de l'été ont succédé un froid très vif, des brouillards épais, des pluies diluviennes et les longues nuits. Malgré la rigueur de la saison, le mouvement qui, à cette époque, règne dans la capitale, est encore plus grand, plus beau que celui qu'on admire au cœur de l'année. Les traîneaux circulent à la surface de la Néva et des canaux, dans les rues, sur les places et dans la campagne. On suit avec curiosité la course étonnante de ces traîneaux qui soulèvent la neige et volent au loin emportés par de vigoureux coursiers. Les habitants de la province arrivent de tout côté à Saint-Pétersbourg, pour y apporter d'abondantes provisions. On voit venir des serfs de tous les pays avec leurs costumes particuliers.

La mer Caspienne, la mer Blanche et la mer Noire envoient des poissons gelés qui n'en ont pas moins pour cela une grande valeur. Ainsi le sterlet s'achète souvent au prix exorbitant de quatre-vingt-cinq roubles argent. L'éperlan, les perches, le mugil sont des poissons très estimés des Russes.

Le gouvernement d'Olonetz fournit le gibier ; l'Ukraine donne ses bœufs glacés, et les veaux d'Archangel réjouissent la table des nobles.

C'est alors que se font les grands approvisionnements de glace que l'on descend dans des caves souterraines. Aussi, en été, quand vous allez vous rafraîchir dans un café, on place sur les tables d'énormes blocs de glace dont vous détachez quelques parcelles pour les plonger dans la boisson rafraîchissante qui vous a été servie.

Je venais d'entendre ces détails intéressants lorsque j'engageai le père Courtois et sa fille à m'accompagner à Péterhoff. C'est au château de Péterhoff que réside, en été, la famille Impériale. Nous louâmes une calèche, et, après avoir couru dans la perspective de Poznesenkoï, nous entrâmes dans la rue des officiers, et nous roulâmes bientôt sur Péterhovskoï Prospekt. La route qui conduit à Péterhoff était bordée dans toute son étendue de vertes prairies, de lacs aux eaux tranquilles, de riants vallons, de forêts profondes et de châteaux de plaisance. D'élégantes maisonnettes étaient assises çà et là sur les bords de la route, et se faisaient remarquer par leur propreté excessive. De beaux jardins coupés d'îles charmantes et entourés de grands arbres donnaient beaucoup de prix à ces vertes campagnes, à ces belles habitations dont les pieds étaient baignés par des ondes azurées. Nous étions depuis trois heures sur la route de Péterhoff lorsque nous arrivâmes au terme de notre course.

Le Château Impérial est situé sur une hauteur; et de ce point élevé où il est placé, il domine la ville de Cronstadt et les forêts qui sont étendues sur ses flancs. Ses donjons semblent se perdre dans l'espace, et dépassent de toute leur élévation les collines qui sont répandues dans les environs. Non loin de là, la ville de Cronstadt se montre dans toute sa beauté, et les navires de guerre se balancent dans le port. De la terrasse du château la vue embrasse un riche panorama. A quelques pas du château on distingue une cabane en bois, où jadis Pierre-le-Grand venait chercher la solitude et méditer ces projets gigantesques dont l'exécution devait changer la face de la Russie. Au fond du parc était cachée une maison de plaisance que l'impératrice Catherine appelait : *son plaisir*.

Je me trouvais à Péterhoff le 1er juillet. Et

chaque année, à pareil jour, la famille Impériale y donne une fête dont rien ne peut égaler la magnificence et la splendeur. Représentez-vous une foule immense de seigneurs et de serfs, des milliers d'équipages d'un luxe extraordinaire, de nombreux officiers aux costumes brillants, des bâteaux à vapeur voguant dans les eaux de Cronstadt, des myriades de gondoles pavoisées, de nombreuses musiques, des chants de fête, le bruit des cloches et des canons, le hennissement des chevaux, les applaudissements de la foule, et vous n'aurez qu'une pâle idée de la fête. En faisant le récit de la fête du 1er juillet, un auteur très distingué a commencé sa narration par ces mots :

« On se croit transporté au milieu de ces » demeures enchantées, dont les splendides » descriptions ont ravi notre enfance. »

Lorsque nous eûmes bien admiré le château et la fête de Péterhoff, nous reprîmes la route qui conduisait à Saint-Pétersbourg.

CHAPITRE XVIII.

Le Château d'Ostrov-Pétrovskoï. — Les Théâtres.

Nous étions à la veille de quitter la capitale de la Russie lorsque M. Landry reçut la lettre suivante :

« MON CHER CAPITAINE,

» Demain je donne une fête dans mon château » de plaisance, à Ostrov-Pétrovskoï. Vous aurez » la bonté d'emmener avec vous votre aimable » second, ainsi que son jeune cousin. J'ose » espérer que vous serez assez complaisant pour » honorer de votre présence cette fête que je » vais donner à des marins français.

» A onze heures, vous verrez sur la place de » la Bourse une de mes voitures qui vous trans- » portera dans l'île.

» A demain, capitaine.

» Votre ami,

» DMITRI DE POL....... »

Le lendemain nous trouvâmes, à l'heure indiquée, sur la place de la Bourse, un superbe équipage qui nous attendait. Nous y prîmes nos places, et les quatre chevaux turcs partirent au galop. Aussitôt que nous fûmes arrivés au château, nous fûmes introduits dans un salon d'une haute élégance. Pendant que nous lisions des journaux anglais, un valet à la livrée du seigneur s'approcha de nous, et, se tenant à une distance respectueuse, il nous dit :

« En attendant que mon seigneur arrive, si » ces messieurs ont besoin de quelque chose, » ils n'ont qu'à parler, je suis à leurs ordres. »

Sur notre réponse négative, le valet se retira en nous faisant force révérences. Peu de temps après, une jeune esclave entra dans le salon et vint s'asseoir auprès d'une harpe. C'était une femme toute jeune, à la figure intelligente, au regard amoureux. Elle nous chantait une romance russe lorsque deux de ses compagnes apparurent et nous offrirent des fleurs et des *pampiros* (cigares de Russie). Nous acceptâmes leurs présents, et elles s'enfuirent en souriant et en laissant traîner sur le parquet les queues de leurs robes de soie. Nous fumions les cigares qui venaient de nous être donnés lorsque le seigneur Dmitri de Pol......., qui s'était fait annoncer, entra dans le salon. A son entrée la jeune esclave, qui chantait, se mit à genoux, et elle se releva sur un signe de son maître. Elle nous chanta une nouvelle romance, et, quand elle eut fini de nous charmer par ses doux accents, quatre esclaves pénétrèrent dans la salle et nous présentèrent des coupes vermeilles dans lesquelles elles nous versèrent du vin de Chypre. Elles nous versèrent ce vin avec une grâce remarquable et dans une position tout à fait charmante. Leurs bras nus étaient ornés de riches bracelets, et de longs rubans en velours flottaient à leurs belles chevelures. Nous renonçons à faire le portrait de ces rares créatures, parce que nous ne pourrions en donner qu'une image imparfaite. Nous venions de vider les coupes quand nous apprîmes l'arrivée de trois capitaines français qui avaient été invités par le bon seigneur. Ces marins ne tardèrent pas à entrer dans le salon où nous étions. L'un commandait *l'Aimable Sophie de Dunkerque*, l'autre *la Précieuse de Nantes*, et le troisième *la Belle Pauline de Vannes*. Ce dernier capitaine était un marin fort expérimenté qui, à de hautes connaissances nautiques, joignait un courage à toute épreuve. Son nom était Erfurt.

Nous passâmes immédiatement dans la salle à manger, et nous nous mîmes à table. Les valets du seigneur nous servirent les mets les plus fins, les poissons les plus rares et des vins délectables. Sept jeunes esclaves nous versèrent le vin dans les coupes, pendant que leurs compagnes chantaient en chœur les plaisirs de l'amour. Lorsque ce repas somptueux fut achevé, nous descendîmes dans le jardin et nous prîmes le café à l'ombre d'un gracieux pavillon. Cet immense jardin retentissait des accords d'une musique harmonieuse, et les esclaves du château dansaient à quelques pas de nous. Bientôt nous allâmes voir la salle d'armes, et nous jouâmes au billard, jeu que nous ne tardâmes pas à abandonner pour le tir au pistolet. Après avoir brûlé une centaine d'amorces, nous enfourchâmes des chevaux russes et nous fîmes une longue promenade dans les domaines du seigneur. Au retour de cette promenade nous revînmes à Saint-Pétersbourg.

Dmitri de Pol....... nous fit ouvrir l'entrée du Palais Impérial et de l'Ermitage, et nous pûmes admirer à notre aise ces riches monuments. J'eus alors l'avantage de m'asseoir quelques secondes sur le char de Pierre-le-Grand. Ce petit plaisir me coûta la somme de huit francs; la place était chère, j'en conviens.

Deux jours après, l'empereur Nicolas rentrait de Péterhoff et faisait son entrée dans la capitale. Les troupes étaient sous les armes, les cloches des cathédrales étaient lancées à la volée, et le peuple se pressait sur le quai Anglais, pour assister au débarquement de la famille Impériale. Les navires étaient pavoisés, et les couleurs russes flottaient aux fenêtres de chaque palais, de chaque hôtel, de chaque maison. Les *moujiks* dansaient sur le passage de l'Empereur, et saluaient son arrivée de leurs enthousiastes acclamations. Ce jour-là, la famille Impériale donna une fête splendide aux environs d'Ostrov-Aptékarskoï. Les routes étaient couvertes de brillants équipages, et sur la Néva, on voyait s'avancer à l'ombre d'un léger crépuscule, une quantité très grande de larges bâteaux sur lesquels on voyait briller des torches enflammées.

Les fanfares envoyaient au loin leurs sons mélodieux, et quelques centaines de militaires russes entonnaient un chant guerrier. Les barraques des saltimbanques avaient été dressées sur la rive, et non loin de là, on entendait le hennissement des chevaux qui galopaient dans toutes les directions. Les troupes poussaient des cris sauvages, et la foule se précipitait et attendait avec une vive impatience la famille Impériale. Bientôt le drapeau de la Russie fut hissé au faîte du palais, et le canon résonna. Cette populace avide laissa échapper de sourdes clameurs, la force armée se mit en mouvement,

l'artillerie gronda, et des applaudissements frénétiques éclatèrent de toute part. On lança dans
les airs des étoiles aux diverses couleurs ; le bruit
de la fusillade se fit entendre, et les musiques
continuèrent d'animer cette fête brillante. A
minuit, la fière Impératrice parut au balcon,
le sourire sur les lèvres, et, agitant son mou-
choir blanc, elle inclina légèrement la tête
pour remercier la foule qui l'applaudissait. Aussitôt, de larges bandes de feu éclairant la forêt,
enveloppèrent les arbres dans leurs plis tortueux, et vinrent mourir en pointes tournoyan-
tes au dessus de leurs cîmes. Un immense volcan
vomit ses laves brûlantes, et des feux d'artifice
furent tirés en grand nombre. Des aérostats
montés par de courageux aéronautes s'élevèrent
en même temps, et une faible brise les poussa
vers le golfe de Finlande. Sur les eaux de la
Néva se trouvaient des gondoles pavoisées, et
les figures des personnes qu'elles portaient étaient
éclairées par les feux de la forêt. A deux heures,
les laves du volcan n'étaient pas encore épuisées,
les chevaux et les soldats s'animaient à l'odeur
de la poudre, s'élançaient à fond de train, reve-
naient sur leurs pas et allaient défiler devant la
famille Impériale. On entendait toujours le bruit
de la fusillade et du canon, et les hourahs des
esclaves. Les cosaques du Don se faisaient remar-

quer à leur course rapide, à leurs cris sinistres, à leurs chevaux infatigables, et la forêt semblait être la proie d'un vaste incendie qu'on ne saurait décrire.

A trois heures, la famille Impériale et la Cour rentrèrent au Palais d'Hiver. Et au lever du soleil, les troupes regagnaient leurs quartiers, le canon cessait de gronder, les bâteaux illuminés et les gondoles descendaient le cours de la Néva, et le peuple s'écoulait lentement et en silence.

Nous terminerons ce chapitre en disant un mot des théâtres, qui sont très peu nombreux à Saint-Pétersbourg. Si l'on fait attention au régime qui gouverne la Russie, on verra qu'il y en a suffisamment pour la population de cette ville. Les théâtres que possède Saint-Pétersbourg sont des monuments remarquables par leur architecture. Nous nommerons le théâtre Alexandra, le grand théâtre, les théâtres de Kammenoï-Ostroff et Michel. Il nous a été assuré par des français, qui habitaient Saint-Pétersbourg, que toute personne qui, au théâtre, sifflait un acteur ou une actrice, était conduite à la frontière immédiatement. C'est une mesure assez sévère prise dans l'intérêt des artistes.

CHAPITRE XIX.

Le 25 juillet 1850, l'élégante *Eugénie* laissait
flotter son large pavillon devant le Palais de
l'Empereur, et cinglait à pleines voiles vers
l'Ecosse. Ses braves matelots saluaient de leurs
chants joyeux la capitale de la Russie, et tenaient
à se rapprocher de la terre de France. Tous
laissaient éclater des marques d'une joie indicible. Une forte brise gonflait les voiles qui se
raidissaient sur les ralingues, et le navire filait
avec facilité sur les eaux de la Néva. Bientôt la
ville de Saint-Pétersbourg se cacha dans le lointain, et nous voguâmes entre deux rives qui étaient
ornées de châteaux, de villas bien fraîches, de
jardins, de parcs, de lacs et de sites tout à fait
pittoresques. Après cinq heures d'une marche
rapide, nous arrivâmes devant Cronstadt, où

nous nous arrêtâmes très peu d'instants, pour naviguer ensuite dans le golfe de Finlande. Nous venions d'entrer dans la mer Baltique, quand nous fûmes surpris par les vents debout. Pendant huit jours nous courûmes des bordées sur une mer légèrement agitée.

Depuis quinze jours nous avions quitté Cronstadt, et nous n'étions qu'en vue de l'île d'Oesel. Nous pouvions être à la hauteur de l'île de Gothland lorsque nous vîmes venir sur nous une goëlette russe qui filait près de dix nœuds à l'heure. Elle passa devant le navire, et mit en panne par tribord, pendant que l'officier qui la commandait faisait hisser son pavillon, et nous priait de suspendre notre marche. A notre tour, nous hissâmes le pavillon, et nous mîmes en panne. Un embarcation gouverna sur *l'Eugénie*, et nous demanda si, la veille, nous n'avions pas découvert un navire en détresse. Nous répondîmes négativement, et nous brassâmes bâbord-devant. Le lendemain de cette rencontre, nous vîmes à la hauteur d'Oland, l'escadre russe de la mer Baltique, et nous jetâmes l'ancre devant Copenhague, après une traversée de vingt-huit jours. A Elseneur, le calme-plat se déclara, et nous passâmes quarante-huit heures à l'entrée du Sund. La girouette ne tarda pas à se tordre à la pomme du grand-mât, et il s'éleva une fraîche brise qui nous permit de voguer vent-arrière dans les eaux du Cattégat. Dans la nuit du 25 au 26 août nous fûmes assaillis par une tempête horrible. La nuit était obscure le tonnerre grondait au dessus de nos têtes, et le vent faisait craquer les mâts et les cordages sous le poids de sa puissante pression. Il fallait être toujours sur pied pour courir à la manœuvre, et à chaque instant, des montagnes d'eau balayaient le pont du navire et faisaient crier les matelots les plus durs. La vigie ne découvrait aucun phare, et cependant la terre n'était pas loin, nous courions à côté des brisans. A minuit, le mousse qui était placé à la vergue de perroquet, signala des phares à tribord et bâbord. Le capitaine prit sa longue-vue, et observa les feux qui avaient été distingués. Le navire file toujours, et le capitaine se croit dans l'impossibilité d'éviter les écueils qui lui sont signalés par les phares. On veut virer de bord, tout le monde est paré, et M. Landry donne l'ordre de larguer les écoutes de foc. Une fausse manœuvre embarrasse le navire et l'empêche de virer !

— Eh bien ! en avant, s'écrie le capitaine.

On se remet en marche, et dix minutes après, le navire effleurait de ses flancs les pointes aiguës des rochers qui étaient éclairés par les rayons de l'un des phares. Nous passons rapidement, et les brisans mugissent derrière nous, et semblent regretter de voir échapper leur proie. Mais *l'Eugénie*, fière de l'audace et de l'habileté de son capitaine, range à l'honneur ces vagues furieuses et navigue leste et coquette comme en un jour de fête. Cependant, la traversée n'est pas encore à sa fin, nous avons d'autres dangers à courir. Pendant cinq jours, le navire résiste victorieusement à la violence des vents et au bruit sourd de ces lames gigantesques. Sa démarche n'est plus aussi dégagée, ses cordages se tordent avec force, et son gouvernail commence à fonctionner péniblement. L'équipage est fatigué, il murmure contre le mauvais temps. Le sommeil se rend maître de lui, il marche lentement à la manœuvre et se montre sourd aux encouragements du capitaine : il lui faut du repos, et la terre est en vue. En présence de cet état de choses, on tire toutes les voiles dehors, et on met le cap sur la terre. On gouverne sur une île qui se montre à l'horizon, et *l'Eugénie* bondit en criant sur la crête de ces montagnes qui veulent s'opposer à son passage. Nous approchons de l'île, et on ne voit aucun pilote. Déjà même les brisans laissent voir leurs têtes couronnées d'écume. Le navire marche toujours, et son vaillant capitaine ne veut point l'arrêter dans sa course rapide. Tout le monde est paré à mouiller, lorsqu'une blanche voile apparaît à l'horizon. La confiance renaît et succède à la crainte qui s'est emparée des cœurs des matelots. L'embarcation, qui est en vue, se rapproche du navire, et bientôt nous crions tous d'un commun accord : *un pilote! un pilote!* Peu de temps après, un pilote suédois sautait à notre bord, dirigeait notre course au milieu d'une quantité considérable de rochers, et nous faisait jeter l'ancre dans un vaste bassin, où l'on ne pouvait entrer que par un passage étroit et difficile. Le lendemain, nous apprîmes qu'on avait trouvé sur la côte les débris de quinze bâtiments. La tempête grossissait toujours dans des proportions effrayantes, et rien n'annonçait encore la fin prochaine de ce temps contraire. Nous étions depuis huit jours dans le port de relâche, quand M. Landry voulut aller visiter la ville de Gottemborg, qui était située à une faible distance du lieu où se trouvait *l'Eugénie*.

La ville de Gottemborg est une ville très irrégulière, avec des rues sales et tortueuses. Quelques magasins, plongés dans une obscurité profonde, se font voir çà et là dans les quartiers les plus propres. Les maisons sont mal bâties, et l'œil de l'observateur ne découvre aucun monument digne d'attention. Les habitants de cette ville ont un caractère très froid et communiquent rarement avec les étrangers. Les femmes restent continuellement dans leurs habitations ; et celles qu'on rencontre dans les rues sont loin de posséder quelques charmes.

Peu séduits par la sombre physionomie de cette ville, nous nous empressâmes de rentrer à bord.

Le lendemain, *l'Eugénie* s'agitait fortement sur les chaînes de ses ancres et semblait impatiente de lutter de nouveau contre les flots. L'ancre est levée, les voiles sont tendues, le capitaine tient la barre, et le navire fend de sa proue effilée les ondes écumantes. La mer gronde en furie, s'agite, se soulève et vient frapper les flancs de la belle *Eugénie*. Les palans se raidissent, et le vent siffle dans les gorges des poulies. Le capitaine reste inébranlable à la barre du gouvernail, et commande avec un sang-froid imperturbable :

Hâlez sur les écoutes des basses voiles et sur la bouline du grand hunier ; allons, les enfants ! lestes à la manœuvre, et veillez au grain !

Aussitôt l'équipage monte sur le pont et court à la manœuvre.

Parez les manœuvres, s'écrie le capitaine, *et en haut ! serrez les perroquets !*

Le novice et le mousse grimpent aux barres

de perroquet et vont serrer les voiles indiquées. En ce moment le grain passe, et la vergue du grand perroquet tombe à la mer avec le mousse.

Le mousse à la mer! s'écrie-t-on de toutes parts.

On cargue les basses voiles, on brasse tribord devant, les écoutes et les boulines sont filées, et le navire est masqué. L'équipage se porte sur l'arrière et affale la yole qui est amarrée aux chandeliers. Deux matelots se jettent dans l'embarcation et vont recueillir le pauvre mousse qui nageait en appelant au secours. Arrivé sur le pont, ce jeune enfant se mit à rire.

On brasse les voiles du grand mât, et le navire continue de filer son nœud.

Quand nous doublâmes le cap Skagen, nous remarquâmes que trois bâtiments avaient été jetés sur la côte. Les mâts supérieurs se montraient au dessus des eaux, et les voiles déchirées flottaient à la surface de la mer. Le 15 septembre, nous arrivâmes dans le port de Dundee. Après avoir reçu la visite de la douane, nous amarrâmes le navire à l'un des quais qui s'étendaient le long de la ville.

CHAPITRE XX.

LA ville de Dundee est bâtie en amphithéâtre sur le penchant d'une colline. Les maisons sont très élégantes, et tenues avec beaucoup de propreté. Elles sont entourées de jardins parfaitement disposés. Les rues sont garnies de vastes magasins et de riches hôtels. Les femmes de Dundee sont très jolies, très aimables et d'une familiarité très commune. Le port offre continuellement un aspect très animé. Les chemins de fer de Glasgow et d'Edimbourg contribuent à rendre plus facile, plus étendu le commerce de ce grand port.

Les dimanches, les magasins et les lieux publics sont fermés jusqu'à quatre heures du soir. Ces jours-là, les ministres de la religion écossaise prêchent sur les places, en présence de la foule assemblée. Chacun se tient alors dans un saint recueillement ; et le soir, les jeux et les plaisirs de toute sorte recommencent, et la ville reprend sa physionomie ordinaire.

La garnison de Dundee est composée de troupes anglaises et écossaises. Le costume des troupes écossaises est assez curieux pour que nous en donnions une simple description. Ces soldats sont chaussés de sandales, et des guêtres en peau traversées de bigarrures montent aux genoux. Le reste des jambes est à nu. Une tunique en couleurs, bien serrée au-dessus des hanches par une ceinture très longue, et un berret écossais orné d'une cocarde complètent ce costume bizarre. Quant aux soldats anglais, on les voit promener, la canne à la main, et la tête ceinte d'une calotte rouge.

La police est très bien organisée à Dundee. Dans la nuit, les rues sont encombrées de *policemen* avec leurs bâtons des lois et leurs lanternes sourdes attachées à la ceinture.

Le caractère des habitants de Dundee est très heureux, très agréable. Tous les fronts sont rayonnants de joie.

Un soir, je me rendis au théâtre de Dundee avec le capitaine Landry. La salle était richement décorée, et les vitraux des fenêtres reflétaient les rayons des lumières vives, ardentes, étincelantes de vigueur. Le nombre des spectateurs était considérable, et les belles écossaises se montraient orgueilleuses de leurs riches toilettes, de ces bijoux précieux qui brillaient au dessus de leurs seins, de ces rubis qui se perdaient dans les cheveux, et de ces fines dentelles qui flottaient au gré d'une brise parfumée. Le rideau allait être levé, quand je vis dans une loge d'avant-scène une femme d'une beauté incroyable. Elle était parée de superbes vêtements, et elle étalait aux yeux du public des pierres tout à fait rares, des diamants, et un magnifique éventail chinois. Cette femme, étendue négligemment sur un fauteuil à la Molière, promenait dans la salle des regards empreints d'une douceur divine, d'un charme indéfinissable. Parfois, elle laissait échapper des sourires d'ange qui respiraient la volupté ; et ces sourires s'adressaient à un jeune homme qui était assis auprès de cette femme adorable. Ce jeune homme était beau, d'une figure douce et distinguée. Ces deux personnages formaient un couple bien assorti, couple heureux qui attirait sur lui l'attention de l'aristocratie écossaise de la ville de Dundee. La vue de ces deux êtres me frappa d'une manière étrange ; ces figures ne m'étaient pas inconnues, et plus j'interrogeais mes souvenirs, plus je croyais avoir vu ces gens-là. Bientôt la toile fut levée.

La pièce qu'on allait jouer se rapportait au règne de Charles Ier. Le sujet de cette pièce intéressante était la mort de ce roi. Le premier acte de ce drame historique venait de finir, quand j'appelai l'attention du capitaine Landry sur le couple dont je viens de parler. Le capitaine tressaillit vivement, et, après avoir évoqué ses souvenirs, il me dit en croisant les bras sur sa large poitrine, et en baissant la tête lentement :

— Voilà la femme qui commandait l'embarcation du pirate Brutallo, quand je tombai sous le vent de ce terrible capitaine.

— Mais, capitaine, lui répondis-je, n'est-ce pas aussi la femme que nous avons vue sur la côte du Jutland.

— C'est encore vrai, grands dieux !

— Ne reconnaissez-vous pas ce jeune homme qui était appuyé sur sa carabine auprès de cette divine créature, ce jeune homme qui nous serra la main, quand nous revînmes à bord ?

— C'est Brutallo ! c'est le pirate !...

— O ciel !

— Et cette lettre du vicomte que j'ai reçue à Saint-Pétersbourg ! oui, je vois Rachel de L...... et le pirate Brutallo !

— Assurément, ce sont bien les mêmes traits, les mêmes figures des naufragés du cap Skagen.

En ce moment, le second acte commença. Cet acte représentait une entrevue de lord Strafford avec Charles Ier.

Lorsque la toile fut baissée pour la seconde fois, nous attachâmes nos regards sur le pirate Brutallo. Celui-ci braqua sur nous un superbe binocle. Il nous reconnut, et nous salua d'un signe de tête en continuant de nous regarder. Il traça quelques mots sur un morceau de papier et sortit de la loge. Bientôt après, un matelot remit à monsieur Landry le billet suivant :

« CAPITAINE,

» Les naufragés du cap Skagen vous prient » instamment de venir les voir demain à onze » heures. Votre visite leur causera un sensible » plaisir.

» LE VICOMTE DE S.....
» Queen's street, William house, 35. »

Aussitôt que le capitaine eut pris connaissance de ce billet, il pria le matelot de remercier son maître et de lui annoncer qu'il irait le voir le lendemain.

Nous suivîmes le troisième acte avec beaucoup d'intérêt : il s'agissait de la vente de Charles Ier. Au dernier acte, nous vîmes le jugement et le supplice de ce roi qui tomba sous les coups d'un parlement séditieux. Minuit sonnait lorsque nous sortîmes du théâtre.

— Voulez-vous, me dit le capitaine, aller boire du *porter* dans une taverne.

J'acceptai avec empressement, et nous nous arrêtâmes devant une maison de modeste apparence. Au dessus de la porte d'entrée se trouvait cette enseigne :

Brandy, Britishwines, Porter, ale
and Wisky.
Come here! good sailors.

Nous frappâmes à la porte, et une femme, qui pouvait avoir près de quatre-vingts ans, vint nous ouvrir. Elle nous fit passer dans une salle, qui n'était éclairée que par la faible lueur d'une lampe suspendue au plafond. Au même instant parut un homme d'une grosseur énorme et coiffé d'un casque à mèche. Il tenait un pot de bière d'une main, et de l'autre un morceau de *rosbeef*. Après avoir déposé, sur une table, la bière et le *rosbeef*, le bon bourgeois souleva à nos pieds une trappe qui nous laissa voir un escalier tortueux et d'une pente rapide. Lorsque nous eûmes descendu à tâtons une centaine de marches, nous pénétrâmes dans un vaste souterrain où buvaient du *porter* plus de cent cinquante matelots ou capitaines. C'était une immense salle rectangulaire, ayant à peine deux mètres de hauteur, avec un sol humide, de grosses tables en bois du nord, et des siéges en pierre. Cinq ou six lampes brûlaient à la voûte, et leur blafarde lueur donnait une couleur cadavéreuse aux figures bronzées de ces marins qui faisaient un tapage diabolique. Les matelots anglais jouaient de la bière à la boxe, et les américains chantaient des hymnes à la liberté. Le maître de la taverne se promenait lentement en fumant sa pipe anglaise, et en s'arrêtant à chaque table pour avaler une gorgée de *brandy*. On n'entendait dans toute l'étendue de la taverne que le bruit des chansons et des disputes, et la voix criarde des marins de la fière Albion. Nous allions quitter ce noir réduit quand il s'engagea un combat général. Les lampes et les verres volèrent en éclats, et nous fûmes enveloppés dans une épaisse obscurité. Nous avions franchi l'escalier lorsque les *policemen* se présentèrent. Les lampes furent allumées, et nous pûmes voir alors un tableau déchirant. Le maître de la taverne, John Thompson, était caché sous une table, et sa figure était teinte de sang. Sa chemise était en lambeaux, et son casque à mèche avait été plongé dans un pot de bière. On découvrait de profondes blessures sur les visages de quelques matelots, et deux pauvres femmes avaient été foulées aux pieds. A l'arrivée des *policemen*, le gros Thompson se releva en pleur- nichant, et leur raconta ce qui venait de se passer. Quelques matelots furent écroués pour la nuit à la maison d'arrêt, et la police fit évacuer la salle.

Ces scènes déplorables, sans lesquelles les marins ne sauraient vivre à terre, se répètent souvent dans les sombres tavernes des ports de l'Angleterre.

Nous nous retirâmes en nous promettant de ne plus boire du *porter* chez le malheureux John Thompson.

CHAPITRE XXI.

Le lendemain, M. Landry, Rachel de L.....
et le pirate Brutallo étaient réunis dans un vaste
salon enrichi de meubles précieux, de larges
tapis de Turquie et de magnifiques tableaux.
Ils étaient assis tous les trois devant un feu bien
nourri qui pétillait dans l'âtre, et ils tenaient
cette conversation :

Le pirate. — Cher capitaine, depuis quinze
ans je cours les mers, et aujourd'hui je suis
las de cette vie de marin.

Le capitaine Landry. — Si j'étais aussi riche
que certains armateurs, je renoncerais immédiatement à la navigation. Je suis marin depuis
l'âge de quatorze ans, et je suis encore à la
poursuite de la fortune.

Le pirate. — Quand je me suis voué à cette
carrière périlleuse, j'étais enivré de ces récits
brillants qui avaient échauffé mon imagination.

Je renonçai aux plaisirs de la terre, et je voulus puiser dans la vie de marin tout ce qu'il pouvait y avoir de ravissant, de poétique. Et je n'ai pas à me plaindre du sort ; souvent, j'ai eu de l'or à discrétion, des hommes dévoués à mon service, j'ai même été long-temps la terreur d'un pays.

LE CAPITAINE. — Après les revers que vous venez d'éprouver, vous devriez rester à terre et mener une vie tranquille.

LE PIRATE. — Quand je pense aux beaux jours de ma vie, je suis impatient de monter un grand navire et de recommencer cette série d'exploits dont les journaux américains ont parlé tant de fois. Il fut un temps où je ne pouvais exister qu'à l'odeur de la poudre, au bruit des canonades et de la mousqueterie. J'étais heureux alors, rien ne me manquait, je commandais à de rudes matelots qui me respectaient jusqu'à l'adoration et qui m'auraient volontairement sacrifié leur vie. J'ai possédé des trésors considérables que la mer m'avait donnés et qu'elle vient de m'arracher en partie. Néanmoins, un trésor bien précieux m'appartient encore, et celui-là, je me garderai bien de le laisser échapper. Oh ! oui, je le défendrai jusqu'au dernier soupir, j'en suis le légitime possesseur. Et peut-être, certains hommes trouveront que je m'en suis rendu maître par la violence, et je serai maudit.

J'espère que les lois qui régissent la société confirmeront bientôt l'intégrité de cette rare et belle propriété. Je m'abandonne à cette douce illusion, et en attendant que ce monde qu'on dit civilisé reconnaisse et légalise mon droit de propriété, je formerai de doux projets pour assurer le bonheur d'un être qui m'est cher. J'ai des devoirs sacrés à remplir, une grande faute à expier, et ensuite je serai heureux, je m'occuperai spécialement de l'éducation de cet enfant qui dort dans les bras de sa mère.

Le pirate déposa un baiser sur le front de Rachel de L.... et embrassa le jeune enfant qui dormait sur le sein de celle qui lui avait donné le jour.

Rachel de L.... jeta sur le pirate un regard d'amour, et deux larmes vinrent humecter ses paupières. Puis, s'adressant à Brutallo, elle lui dit avec l'accent d'un violent chagrin :

— Arthur! je tremble, je suis en proie à de sombres pressentiments; je crois qu'un grand malheur nous menace! Et la pauvre mère caressait de ses blanches mains les cheveux noirs de son enfant bien-aimé.

En ce moment, on frappa à la porte du salon, et sur la permission du pirate, un matelot entra apportant une lettre. Son maître la prit et la posa sur le chambranle de la cheminée. Elle était entourée d'une large raie noire, et elle portait l'adresse de Rachel de L....

— Arthur! j'ai peur! reprit la malheureuse mère, c'est l'écriture de mon père. Elle s'empara de cette lettre d'une main tremblante et elle en brisa le cachet. A peine venait-elle de l'ouvrir qu'elle tomba évanouie dans les bras du pirate, et l'enfant roula sur le parquet. Brutallo transporta sa maîtresse dans un appartement voisin, et sonnant ses valets, il se saisit de la lettre et versa des larmes amères!

— Sa mère est morte! s'écria-t-il en pleurant, pauvre enfant!

Les valets ne tardèrent pas à se présenter, et on s'empressa d'aller chercher des médecins.

Lorsque les médecins apparurent, ils ne purent voir qu'un cadavre.

Deux jours après, le pirate Brutallo se disposait à quitter l'Angleterre pour se rendre à Paris.

La violence de son amour venait d'ouvrir la tombe à deux femmes du haut rang. Si jamais, cher lecteur, vous allez visiter les environs de Londres, vous verrez entre Chelmsfort et la rive gauche de la Tamise, un tombeau sur lequel vous pourrez lire cette simple inscription :

LA VICOMTESSE DE L.... ET SA FILLE RACHEL.

PASSANT, PRIEZ POUR ELLES.

Les branches flexibles de quelques saules pleureurs viennent battre souvent le visage d'un homme aux cheveux blancs. Et cet homme, qui est plongé dans un état voisin de la stupidité, prie tous les jours sur la tombe de son épouse et de Rachel, la femme du pirate.

CHAPITRE XXII.

Le Retour au Port.

Quelques mois après ce triste événement, *l'Eugénie* se balançait mollement dans les eaux de Newcastle. Le temps était beau, la brise favorable, tout faisait présager une heureuse traversée. La joie était peinte sur les figures des matelots, et chacun voulait partir au plus tôt pour revoir la belle terre de France. Les manœuvres étaient parées, et on n'attendait plus qu'un signal pour quitter le sol étranger. Le navire agitait sa chaîne comme un lion captif qui est impatient de s'élancer dans l'arène qu'il voit teinte de sang. La longue flamme rouge se mordait la queue, et les marins commençaient à chanter. Bientôt le capitaine se montre, l'équipage court au guindeau et lève l'ancre. La brigantine et les basses voiles sont tendues, et les eaux clapotent sur l'avant de la rapide *Eugénie*. Marche, marche, léger navire, nous voguons vers la patrie, nous rentrons dans le port de partance : file, file toujours, et tu pourras bientôt montrer à tout le monde que tu as méprisé les vents pour la première fois. En avant, en avant, et la terre de France va se montrer cachée dans une brume azurée, voile transparent dont la vue réjouit les cœurs des pauvres matelots !

Le navire file avec rapidité, et le vent redouble d'efforts, soulève les vagues, fait crier la mâture, tourmente les cordages et fatigue la course du gracieux bâtiment. Mais *l'Eugénie* se rit des obstacles qui se présentent, s'élance avec fureur au sommet des vagues mugissantes, descend et monte en tournoyant, et file gaîment son nœud. La mer grossit de plus en plus, le vent souffle avec plus de force, les marins jurent au lieu de chanter, et le gaillard d'avant disparaît parfois dans la profondeur de ces abîmes qui ouvrent leurs gueules menaçantes. Le navire semble s'animer à la voix de son capitaine et de son valeureux second qui, à l'âge de vingt ans, conduit un brick comme un vieux loup de mer, et encourage par son exemple les matelots qui sont harassés de fatigue. C'est que la voix du second est puissante ; elle domine la tempête, fait tressaillir l'équipage et vibre avec force dans ce bruit confus qui siffle dans les airs. Quand il commande, ses yeux ressemblent à deux braises ardentes, ses bras se raidissent et ses pieds battent fortement le bois de la dunette. Il est tout feu dans une tempête, il est marin dans l'âme. Et puis, il veut soutenir avec honneur la noble réputation de ses ancêtres, qui à la tête des bataillons français se sont couverts d'immortalité, dans les steppes de la Russie. Ce jeune homme a l'audace qui brave les périls, la sagacité qui prévoit, l'intelligence qui devine et le talent qui guide. Tel est le second de *l'Eugénie*, digne compagnon du capitaine Landry.

La mer monte toujours, et le sommet de ces montagnes d'eau est à la hauteur de la pomme des mâts. Le roulis est très fort, et les vergues des basses voiles plongent dans la mer. La situation devient critique, les matelots sont fatigués, la mâture fléchit, les bastingages s'abiment, et les drômes roulent sur le pont. Le vent pousse des sifflements aigus, gonfle les voiles et déchire la pauvre flamme rouge qui succombe et vole encore dans les airs. A minuit, une vague immense envahit le pont, et le navire reste sur place sans faire un mouvement. Le gouvernail est inutile, le pont a disparu, et l'équipage tremblant serre les huniers qui étaient rapetissés de tous leurs ris.

— *Le navire est engagé !* s'écrie-t-on de toutes

parts : *la chaloupe à la mer, ou nous sommes perdus!* Alors paraît le maître d'équipage, le courageux Chataignet. Il veut abattre les mâts, et déjà le tranchant de la hâche entame les bastingages, lorsque le capitaine lui commande d'interrompre son ouvrage. Le maître obéit en murmurant et monte à la hune pour ne pas se noyer sur le pont. Le vent porte les eaux jusque dans la mâture et nous avons de la peine à nous tenir accrochés aux cordages. A la vue de ces vagues qui fondent sur le pont, chacun croit voir approcher le moment du naufrage. Pendant cinq heures, nous restons dans cette fausse position, entre la vie et la mort. Tout le monde se tait. On se regarde avec frayeur. Mais, bientôt, le jour paraît, la pluie tombe, la mer se calme, *l'Eugénie* se relève et on entend les chants des pauvres matelots !

Lorsque nous fîmes notre entrée dans la Gironde, Ivon et José étaient assis sur le gaillard d'avant et fumaient gravement leurs pipes.

— Je ne veux plus naviguer, disait Ivon, je veux épouser la belle Clémentine. J'ai économisé cinq mille francs dans mes voyages, et avec ça je pourrai vivre heureux dans ma chère Bretagne.

— J'ai l'intention, répondit José, de faire une autre campagne.

Un mois après la rentrée au port, Ivon et Clémentine étaient unis l'un à l'autre, et dansaient à Pons-Scorff, au son criard de l'antique *bignou*.

Et José s'embarquait à bord d'un navire qui cinglait vers les côtes de l'Afrique.

Léon Ozun,
Ex-marin à bord de *l'Eugénie*.

Nota. — L'auteur de cet ouvrage publiera prochainement :

Les Mémoires du pirate Brutallo.

TABLE DES MATIÈRES.

FIN.

Bagnères-de-Bigorre, typographie de J.-M. Dossun, Place Napoléon.